Erich Schnepel

Das Zentrum

Seelsorgerliche Studien über den Kolosserbrief

Verlag der
Francke-Buchhandlung GmbH
Marburg an der Lahn

Dieses Buch ist eine Veröffentlichung der
TELOS-Verlagsgruppe. TELOS-Taschenbücher und
TELOS-Paperback-Ausgaben sind „zielbewußt", wegweisend und biblisch orientiert.
TELOS-Bücher wurden verantwortlich ausgewählt.

ISBN 3 920345 65 7

Lizenzausgabe mit freundlicher Genehmigung
des Verlages Junge Gemeinde, Stuttgart
4. Auflage 1976
Die 1. bis 3. Auflage erschienen unter dem
Titel „Der Kolosserbrief"
Umschlagentwurf: Daniel Dolmetsch
Gesamtherstellung: St.-Johannis-Druckerei C. Schweickhardt
7630 Lahr-Dinglingen
Printed in Germany 14549/1976

INHALT

I. Teil

Jesus selbst – der einzige Inhalt des Evangeliums
Kol. 1, 1–2, 15

II. Teil

Die Gemeinschaft mit Jesus Christus – unser eigentlicher Gottesdienst

Kol. 2, 16–3, 4

III. Teil

Ein Leben unter dem Einfluß Jesu

I. Teil

JESUS SELBST – DER EINZIGE INHALT DES EVANGELIUMS

Kol. 1, 1–2, 15

1. Kapitel

Lebenskräfte der Christusgemeinde

Kol. 1, 1–8

Die Begründer des Lebens der Christusgemeinde

Kol. 1, 1a: „Paulus – ein Bote des Christus Jesus durch einen Willensentschluß Gottes."

Jesus Christus gehört nicht der Vergangenheit an, so gewiß er eine geschichtliche Persönlichkeit ist. Aber Gott gab ihm durch Ostern, Himmelfahrt und Pfingsten ein neues, höheres Leben. Er ist der erhöhte Herr, der in vollendeter Gemeinschaft mit Gott steht. Er ist das Haupt seiner Gemeinde, von dem sie lebt und in dessen Dienst sie steht. Er ist der Christus Gottes, der unsere Rettung bedeutet und im Auftrag Gottes aus allen Völkern der Erde die ruft, die bereit sind, ein neues Gottesvolk, eine Menschheit Gottes unter ihm zu werden.

Es ist ein groß angelegtes Werk, das der Christus Gottes durchführen soll. Es hat sein letztes Ziel in der neuen Welt Gottes, die Christus gestalten wird, wenn er aus der Verborgenheit hervortritt und in der Majestät Gottes die Regierung der Welt übernimmt. Dann wird der Urplan Gottes, den er mit der Schöpfung hatte, zur Erfüllung kommen. Die neue Gottesgemeinde, die das Werk des Christus ist, wird Träger und Gestalter des Lebens in der neuen Welt Gottes sein. Damit Gott sein letztes Ziel mit der Welt erreicht, bereitet ihm Christus die Gemeinde, mit der er die Ziele Gottes verwirklichen kann.

Das ist der Sinn des Wirkens Jesu seit seiner Erhöhung zur Rechten Gottes und bis zu seiner Wiederkunft in Herrlichkeit, diese Gemeinde zu gestalten. Dazu sendet er seine

Boten in alle Völker aus, um die Kunde von ihm und seiner Gemeinde in alle Welt zu tragen. Aus der ersten Schar seiner Jünger wählte er zwölf aus, die sonderlich seine Boten sein sollten und denen man darum vorzugsweise den Namen eines Boten Jesu Christi (griechisch: Apostel) beilegte. Aber schon die erste Christenheit war sich bewußt, daß die zwölf nicht die einzigen Apostel oder Boten des Christus waren. Sie wußte um viele, die zu solchem Dienst von ihrem Herrn berufen wurden. Seitdem hat es durch die Jahrhunderte eine unaufhörliche Kette von Boten des Christus Jesus gegeben. Im 20. Jahrhundert ist ihre Zahl lawinenhaft angewachsen. Zehntausende sind in unserem Jahrhundert in alle Welt gezogen, um auch dem letzten Winkel der Welt die Kunde von Christus und seiner Gemeinde zu bringen.

Jeder, der Christus angehört, ist aus Dankbarkeit und Freude sein Zeuge. Er kann nicht verschweigen, was ihm in Christus zuteil wurde. Er weiß, daß sein neuer Herr die große Gabe Gottes an die Welt ist. Er dankt ihm seine Versöhnung mit Gott und die neue Stellung als Kind Gottes. Bisher war er ein Geschöpf Gottes wie alle Lebewesen. Durch Christus aber darf er ein Kind Gottes sein. Die Freude darüber ist so tief und groß, daß sie keiner verschweigen kann.

Jeder weiß, es ist ein unverdientes Geschenk, daß Christus uns in seine Lebensgemeinschaft aufnimmt und zu Kindern seines Vaters im Himmel macht. Unsere ganze Lebensgeschichte gewinnt von dort her einen neuen Sinn und Inhalt, und Christus ist ihr Gestalter. Wie sollte man nicht jedem anderen Menschen die gleiche Lebensgemeinschaft mit diesem Herrn gönnen und versuchen, ihm die Brücken dazu zu schlagen. Darum ist es schlechterdings unmöglich, von dem großen Geschenk Gottes zu schweigen und kein Zeuge des Christus Jesus zu sein. Das ist die Dankespflicht eines jeden, der in Christus das Leben aus Gott fand. Er würde sich alles verscherzen und alles wieder verlieren, würde er das große Geschenk nicht weitergeben.

Aber es ist noch etwas Sonderliches, wenn Christus aus der großen Schar derer, die ihm verbunden sind, den einen und anderen auswählt, um im besonderen Sinne sein Bote oder Apostel zu sein. Er ist nicht besser als die anderen. Er ist nicht wertvoller. Es ist ein Geheimnis Gottes, warum gerade dieser Mensch zum Boten des Christus ausersehen ist. Dahinter stehen Pläne Gottes, die wir erst in der Ewigkeit zu durchschauen vermögen.

Es ist ein Geheimnis, warum Gott die Lebensgeschichte des Paulus so gestaltet hat, wie sie verlief, warum er ihn schon vor Damaskus zu einem Boten oder Apostel des Christus Jesus bestimmt hat. Dazu kann sich keiner selbst berufen. Dazu können Menschen uns nicht machen. Das stammt allein aus einem Willensentschluß Gottes. Alle Berufung durch Menschen kann nur die Planung Gottes bestätigen. Es ist eine große Sache, wenn Gott deutlich macht, daß er einen Menschen im besonderen Sinne zu einem Boten des Christus Jesus bestimmt hat.

Es ist nicht notwendigerweise mit dem Dienst des Boten Jesu Christi verbunden, daß er aus seinem irdischen Beruf ausscheidet. Paulus hat weithingehend seinen Lebensunterhalt durch seine Berufsarbeit verdient. Doch spricht er selbst 1. Korinther 9 es aus, daß dies nicht das Normale ist. Es wird selten mit dem modernen Berufsleben ein solcher Dienst zu vereinigen sein. Ist es aber möglich, im alten Beruf stehend ein Bote Jesu Christi zu sein, so ist das ein großes Geschenk.

Aus dem Dienst der Apostel Jesu wachsen neue Gemeinden hervor. Durch ihren Dienst empfangen alte Gemeinden lebendige Anstöße zu neuem Leben und neuer Entwicklung. Durch ihren Dienst wird die Entwicklung seiner Gemeinde im ganzen und am einzelnen Ort entscheidend weitergeführt. Durch ihre Verkündigung erleben alte Gemeinden tiefgehende Strukturveränderungen, die sie zu neuem Wachstum und neuen Aufgaben befähigen. Durch die Apostel des Christus werden seine Gemeinden gereinigt, geheiligt, gestärkt und in ihrem Denken geklärt. Die Boten des Christus vermitteln ihnen eine umfassende Erkenntnis dessen, was ihnen mit ihrem Herrn gegeben ist.

Die Paulusbriefe sind ein lebendiger Anschauungsunterricht für den Dienst eines Boten Jesu Christi, der den Apostel- und Botennamen im besonderen Sinne trägt. Und doch ist auch Paulus nur *ein* Bote Jesu Christi — einer von Tausenden. Das macht bescheiden, demütig, klein, so groß der Name eines Boten Jesu Christi ist. Und immer weiß er, daß er diesen großen Dienst nicht sich selbst und seinem Entschluß verdankt, sondern allein einem unverdienten, geheimnisvollen Willensentschluß Gottes.

Kol. 1, 1b–2a: „... und Timotheus, der Bruder, an die Heiligen in Kolossä und treuen Brüder in Christo."

„Der Bruder": das ist der größte Ehrenname, den es in der Gemeinde des Christus gibt. Vielleicht wäre es darum gut, diesen Ehrennamen sparsam zu gebrauchen, um ihn nicht zu entwerten. Es durchzieht uns eine heilige Ehrfurcht, wenn wir diesen Namen verwenden; denn das ist das große Werk des Christus, daß dieser Mensch neben mir – in meinen Augen genau so unvollkommen und zu jeder Sünde fähig wie ich – ein Glied der Christusgemeinde und damit mein Bruder ist. Größeres kann von keinem Menschen gesagt werden.

Ehe uns Christus zu seinem Boten machen kann, macht er uns zu einem Menschen, den er in seine Gemeinde aufnimmt und der damit ein Bruder wird. Wie klein ist der Titel eines Pfarrers oder Bischofs gegenüber dem großen Namen „ein Bruder". Er ist die Voraussetzung aller Dienste in der Christusgemeinde. Alle Berufungen in den Dienst am Evangelium können nur auf Grund der Tatsache erfolgen, daß einem Menschen von Christus dieser Name beigelegt wurde. Größeres können wir von keinem Menschen sagen, als daß er ein Bruder, eine Schwester ist. Damit ist die Gabe Gottes: der neue Stand in Christus und seiner Gemeinde, die Verbundenheit mit allen Gliedern der Christusgemeinde in der ganzen Welt ausgesprochen.

Es ist Jahr und Tag her, seitdem Timotheus ein Bruder wurde. Viel hat er seitdem im Dienst des Christus mit Paulus zusammen erlebt. Dennoch bleibt das Größte, was von ihm gesagt werden kann, daß er ein Bruder ist.

Auch der „große" Paulus ist nicht mehr als er. Er steht in einer Linie mit Timotheus, obwohl er ein Apostel Jesu Christi ist. Timotheus ist der Bruder des Paulus, und Paulus ist der Bruder des Timotheus. Das haben beide nicht mit auf die Welt gebracht. Das stammt aus der Gnadentat des Christus an ihnen. Das reicht bis in die Ewigkeit.

Alle Glieder der Christusgemeinde stehen in einer Linie vor Gott. Sie sind vor ihm in der gleichen Weise zu jeder Sünde fähige Menschen, die nur von der Vergebung Jesu leben, und in der gleichen Weise Brüder, die durch die Gemeinschaft mit Christus in dasselbe Leben mit Gott gestellt wurden. Kinder eines Vaters tragen dasselbe Leben in sich. Es ist das Leben

Jesu, das das Lebenselement aller Kinder Gottes ausmacht. Darum, weil dasselbe Leben aus Christus sie durchzieht und in ihnen schafft und gestaltet, darum sind sie Brüder, Glieder einer großen Familie, die sich durch alle Völker der Welt zieht und deren Oberhaupt Jesus, der Herr, nach den Plänen Gottes ist.

Es ist ein großes Vorrecht, zu dieser Brudergemeinde zu gehören, und eine tiefe Verpflichtung, diesem Bruderstand gemäß zu leben. Wir sind alle diesem Brudernamen viel schuldig geblieben. Er ist uns ein tiefer Ansporn. Er rückt uns fest mit allen zusammen, die ihn von Christus geschenkt bekommen. Es ist die größte Freude unseres Lebens nächst der Freude an Christus selbst, dieser Brudergemeinde angehören zu dürfen.

Nie hat ein Mensch Christus gefunden, ohne nicht zugleich von ihm in seine große, weltweite Bruderschaft hineingestellt zu werden. Wir haben das vielleicht nicht sofort gedanklich begriffen. Aber praktisch erlebten wir es gleich. Wir staunten über eine geheimnisvolle Verbundenheit mit Menschen, die uns bis dahin ganz fremd waren. Wir staunten, daß wir mit ihnen eine Verbundenheit besaßen so tief und stark wie keine andere Verbundenheit in der Welt. Es ist eine große Sache, wenn uns auch erkenntnismäßig aufgeht, daß wir durch Christus in eine große Gemeinde von Brüdern und Schwestern gestellt wurden.

Wir können uns aus dieser neuen Wirklichkeit unseres Lebens nicht nach unserem Belieben lösen. Wir können nur gegen sie schuldig werden, und wir sind alle vielfältig an ihr schuldig geworden. Es ist ein Stück unserer großen neuen Lebensaufgabe, dem neuen Stand als Glieder dieser Brudergemeinde gemäß zu leben und den Brudernamen in Ehren zu tragen und dem Brudernamen bei allen Gliedern der Christusgemeinde die volle Ehre zu geben. Wenn Christus in Herrlichkeit wiederkommt und sein Werk in seiner Gemeinde vollendet, dann werden wir auch die Vollendung dessen erfahren, was der Brudername besagt, und in Wahrheit eine Gemeinschaft von Brüdern und Schwestern sein, die eine neue Welt Gottes als große Bruderschaft zu gestalten vermögen.

Die Christen in Kolossä werden als die *„Heiligen"*, als *„die treuen Brüder in Christus"* angeredet. Der Brudername ist uns schon bekannt. Durch den kleinen Zusatz *„in Christus"* wird uns noch einmal zum Bewußtsein gebracht, worauf der Brudername beruht. Paulus und Timotheus wissen sich mit den Christen in Kolossä als Brüder verbunden, weil sie alle in gleicher Weise in Christus wurzeln und in ihm ihre Heimat haben. Dadurch, daß sie alle im Herrn Jesus daheim sind, haben sie dieses Band miteinander, das sie zu Brüdern und Schwestern macht. Die Verbundenheit der Christusgemeinde ruht auf nichts anderem als auf Christus. Er ist das lebendige Band um seine ganze Gemeinde. Wer in ihm ist, trägt dasselbe Leben in sich, das auch alle anderen bewegt, die in ihm daheim sind.

Nicht durch eine gemeinsame christliche Weltanschauung, nicht durch eine gemeinsame biblische Theologie, sondern durch den gemeinsamen lebendigen Herrn ist seine Gemeinde verbunden. Alle anderen Verbindungslinien sind Stückwerk. Christus selbst ist das einzige, wirkliche Band seiner Gemeinde, das kein Stückwerk ist. Aller Mangel an Bruderschaft hängt mit einem Mangel der Gemeinschaft mit Christus zusammen. Wo Christen sich nicht als Brüder finden, zeigt dies einen ernsten Schaden in der Lebensbeziehung zu Christus selbst an. Christus ist ein so starkes Band um die Seinen, daß sie eine ungetrübte Gemeinschaft miteinander haben sollten. Es ist eine große Gabe, daß wir in ihm Brüder und Schwestern sind.

Diese Brüder in Christus sind zugleich die *„Heiligen"*. Das ist ein überwältigender Name, da wir um die Unzulänglichkeit dieser Heiligen nur zu genau wissen. Wir kennen uns selbst und unsere Brüder und Schwestern und wissen, wieviel uns gebricht. Wir wissen, daß wir nicht in uns selbst Heilige sind, sondern nur aus Vergebung von unserem Herrn aufgenommen wurden und nur dank seiner Vergebung in seiner Gemeinschaft bleiben können.

Dennoch nennt die Heilige Schrift diese Leute des Christus, denen soviel gebricht, „Heilige", weil Christus sie durch sein Blut und sein Vergeben vor Gott reinwusch, so daß Gott keinen Flecken und Fehler mehr an ihnen sieht. Wen Christus reingewaschen hat, der ist in Menschenaugen ein richtiger Mensch mit vielen Fehlern und Schwächen, aber in Gottes Augen ohne einen Makel, ganz rein, ein wirklicher Heiliger. Dieser große Name macht uns unendlich froh und sehr bescheiden zugleich. Er kann uns nie überheblich machen, denn er erinnert uns daran, daß wir, die wir tausendfältig befleckt sind, diese Reinheit vor Gott allein Jesus und seiner Kreuzestat verdanken.

Kol. 1, 2 b: „Ich wünsche euch Gnade und Friede von Gott, unserem Vater."

Gnade und Friede klingen in unseren Ohren als zwei schwächliche Worte. In Wirklichkeit bezeichnen sie die stärksten Lebenskräfte der Welt. Die Gnade Gottes, die uns Jesus bereitet hat, schafft etwas, was keine Macht der Welt vermag: sie löst eine Vergangenheit von uns ab, die uns mit all ihrer Schuld bis in Ewigkeit folgen würde. Kein Mensch ist imstande, sich von seiner Vergangenheit zu lösen. Das ist das Furchtbare, daß wir keine Sekunde unseres Lebens ändern können, die wir gelebt haben. Wie gern täten wir es! Jede Sekunde unseres bisherigen Lebens liegt inhaltsmäßig eisern fest. Das gilt für den führenden Staatsmann und den letzten Bettler. Es ist furchtbar, daß uns keine Macht der Welt von diesem dunklen Schatten lösen kann. Jesus aber ist imstande, durch die Macht seiner Gnade uns von unserer ganzen Vergangenheit zu lösen und uns rein vor Gott hinzustellen. Das allein macht uns zu Gottes Kindern.

Die Lebensmacht der Gnade löst nicht nur von der Vergangenheit, sondern gestaltet auch unsere Zukunft. Wenn wir uns Christus zu eigen geben und seine Gnade uns aufnimmt, beginnt dieselbe Lebensmacht der Gnade in uns zu arbeiten und unser Leben zu gestalten. Es ist etwas Großes, nun nicht mehr allein in unserer stümperhaften Weise an unserem Leben zu arbeiten, sondern zu erfahren, daß der Meister des Lebens sein Werk in uns und in unserem Leben hat.

Wie darf man sich diesem seinem Meisterwerk anvertrauen! Rückwärtsschauend sieht man, wie einzigartig er das Leben seiner Leute formt und in ihnen sein Leben in lebendigem Fluß erhält. Diese Lebensmacht seiner Gnade ist stärker als alles, was es in der Welt gibt – auch als die tiefen Hemmungen, die in uns selbst ihm im Wege stehen. Seine Gnade überwindet auch die schwersten Dinge in uns und unserem Leben und bringt jeden, der ihm gehört, ans Ziel.

Darum erfüllt uns ein solcher Gottesfriede, wenn uns diese Lebensmacht der Gnade Jesu bewußt ist, denn wir sind in ihr geborgene Leute. Dieser Friede hat nichts mit Stimmung zu tun. Er ist das Eingebettetsein in das Lebenswerk des Christus und das Getragensein von ihm. Das macht uns so getrost und gewiß gegenüber allen Schwankungen in uns und um uns.

In dem Wissen um Jesus und seine Gnade kommen wir zu einer großen Ruhe und einem tiefen Frieden. Dieser Friede ist im Grunde er selbst. Darum ist dieser Friede auch unabhängig von unseren Gefühlen und Erfahrungen. Er ist die Lebenswirklichkeit des Christus, der uns mit Gott versöhnt hat und uns trägt.

Das alles aber hat seine letzte Quelle in Gott. Er gab uns den Christus. Er wurde durch Christus unser Vater. Er legte in Jesus als den Herrn der Gemeinde alle Kräfte seines Lebens. Er gab uns durch ihn die große Wirklichkeit der Gnade und des Friedens. Darum, weil alles, was wir in Christus finden, aus Gott stammt, können wir hierauf wirklich unser Leben gründen. Darum sind hier echte Quellen für das Leben seiner Gemeinde, die nie versiegen.

Grundelemente des Lebens der Gemeinde Jesu

> Kol. 1, 3–5 a: „Wir danken Gott, dem Vater unseres Herrn Jesus Christus, allezeit, so oft wir für euch beten, seit wir gehört haben von eurem Glauben, der in Christus lebt, und von der Liebe, die ihr zu allen Heiligen habt, wegen der Hoffnungswirklichkeit, die für euch in der himmlischen Welt bereit liegt."

Paulus ist in viel Sorge um seine Brüder in Kolossä. Er weiß, wie ihr Leben mit Christus in Gefahr ist. Dennoch lebt in ihm eine tiefe Freude darüber, daß es in der entfernten Stadt Kleinasiens eine Gemeinde Jesu Christi gibt. Das ist für ihn eine große Tatsache. Sie kann auch nicht durch all das verdunkelt werden, was seinen Brüdern in Kolossä fehlt. Es gibt nie Jünger Jesu, die vollkommen sind. Nur einer ist gut: Gott. Wir sind alle Anfänger und Stümper. Dennoch lebt in uns eine dankbare Freude, daß wir durch Christus Brüder und Schwestern in der Welt haben.

Nächst unserem Herrn ist seine Gemeinde das größte Geschenk Gottes an die Welt. Darum ist nächst der Freude an Jesus selbst die Freude an seiner Gemeinde die Freude unseres Lebens. Sie ist ja nicht seine Gemeinde auf Grund ihrer Vortrefflichkeit, sondern allein auf Grund der Tatsache, daß Jesus ihr vergab und sie in seine Gemeinschaft aufnahm.

Die Glieder der Gemeinde Jesu Christi leben nicht isoliert voneinander. Wie sollte das auch möglich sein, wo sie Brüder und Schwestern durch Christus sind. Sie leben miteinander. Sie denken aneinander. Sie stehen füreinander im Gebet ein. Das Gebet geht über Hunderte von Kilometern hinweg. Für das Gebet gibt es keine Entfernung. Leiblich sind wir getrennt, aber im Gebet ganz nahe bei unseren Brüdern und Schwestern. Es ist erschreckend, wenn das Gebet eines Christen und einer Christusgemeinde sich nur um das eigene Leben dreht.

Paulus dachte an Menschen, die er nie im Leben gesehen hatte. Die Freude darüber, daß sie seine Brüder und Schwestern geworden waren, trieb ihn dazu. Es gibt Kinder Gottes, die müde und alt geworden sind, deren Leben wenig Freude atmet. Das drückt sich auch darin aus, daß sie sich nicht mehr über ihre Brüder und Schwestern freuen können. Was tut es gut, sich in stiller Stunde zu vergegenwärtigen, daß Gott uns Menschen geschenkt hat, mit denen man dieses Bruderband durch Christus besitzt.

Es sind zwei Tatsachen, die dem Paulus deutlich gemacht haben, daß in Kolossä eine Gemeinde Jesu Christi lebt. Er hat erfahren, daß es dort Menschen gibt, die nicht nur an Christus glauben, sondern durch ihren Glauben in Christus Jesus Heimat gefunden haben und in ihm leben. Jesus Christus ist der, der sie von allen Seiten umgibt. Er ist der lebendige Herr. Darum vermag er uns so mit seiner Gemeinschaft zu umschließen, daß wir in ihm daheim sind und in ihm unser Leben haben. Jesus Christus ist das Lebenselement seiner Leute, die im Glauben sich ihm öffneten und zu eigen gaben. Wo deutlich wird, daß ein Mensch bei Jesus und in Jesus zu Hause ist, da wird seine Zugehörigkeit zur Christusgemeinde offenbar.

Das sieht nicht jeder. Dafür bedarf es eines besonderen Blicks, wie ihn nur der Geist Gottes gibt. Jeder, der durch den Geist Gottes in diese neue Lebensgemeinschaft mit Christus gestellt wurde, empfing damit auch den neuen Blick für die Wirklichkeit der Gemeinde Jesu Christi. Er erkennt seine Brüder und Schwestern. Es bleibt ihm nicht verborgen, wer gleich ihm in Christus sein Lebenselement und seine Heimat hat. Der Glaube, der in Christus Jesus lebt, ist für Paulus das erste Lebenszeichen, daß es in Kolossä eine Christusgemeinde gibt.

Wir finden aber nie Christus allein. Wir besitzen durch die Verbundenheit mit ihm sofort auch die Verbundenheit mit allen Gliedern seiner Gemeinde, mit den „Heiligen", die vor Menschenaugen oft recht kümmerlich sind, aber vor Gott Heilige durch Christus.

Landläufig besteht die merkwürdige Auffassung, daß ein Christ ein guter Mensch ist. Man wundert sich, wenn man einen Fehler an einem Christen entdeckt. Dieser Gedankengang ist dem Neuen Testament fremd. So klar der Wille eines Jüngers Jesu ist, seinem Herrn zu gehören und Freude zu machen, so weiß doch jeder Christ, daß er ein Anfänger ist, dem viel gebricht.

Die Aufnahme in die Gemeinschaft des Herrn Christus erfolgt nicht deshalb, weil wir so gut sind, sondern weil wir so schlecht sind und den Herrn Christus und seine Vergebung so nötig haben. Die Vergebung Jesu erhält uns bei ihm. Die Vergebung Jesu trägt uns bis an das Ziel. Je länger wir mit Christus zusammenleben, desto klarer wird der Blick für das, was uns fehlt, desto mehr staunen wir darüber, daß wir trotz all unserer schweren Mängel ihm angehören dürfen, der der heilige Herr ist.

Es ist ein lebendiges Werk, das Christus in seinen Leuten tut. Sie bleiben nicht dieselben; er arbeitet in ihnen. Im Blick auf unsere eigene Person verhüllt er uns weithingehend das Neue, das er in unserem Wesen gestaltet. Es wäre gefährlich, wenn wir uns dessen bewußt würden, und schmerzlich, wenn wir dadurch irgendwie in unserem Selbstbewußtsein gesteigert würden. Es ist die Freundlichkeit unseres Herrn, daß er uns im Blick auf unsere eigene Person sein Werk weitgehend verhüllt, aber an anderen Jüngern Jesu sehen läßt, wie meisterhaft er die Entwicklung seiner Kinder führt. Es ist eine Freude, die Lebensgeschichte eines Christen zu begleiten, in dem Jesus sein Werk hat, und zu sehen, wie er ihn Schritt für Schritt umgestaltet und ihm seine Art aufprägt.

Aber dieser Lebensprozeß reicht hinein bis in die Ewigkeit. Er ist mit dem Tod nicht beendet. Noch nie ist ein Jünger Jesu als ein vollendeter Mensch in die Ewigkeit gegangen. Jeder hat bei seinem Tod noch viel schmerzliche Mängel an sich getragen, obwohl das Werk Jesu viel Neues in ihm gestaltet hatte. Die Schrift spricht nicht im einzelnen darüber, wie der Herr Christus seine Leute in der Ewigkeit vollendet. Das bleibt sein Geheimnis. Aber keinen Zweifel hat er darüber gelassen, daß dann, wenn er aus der Verborgenheit hervortritt und wiederkommt, seine ganze Gemeinde zur letzten

Vollendung gelangt ist und alle seine Kinder in sein Wesen umgebildet sind.

Unser Herr weiß, wer von uns ihm ehrlich angehören möchte. Er sieht durch all unsere Mängel hindurch. All das Schmerzliche, das er mit uns erlebt, kann ihm nicht verdunkeln, daß ein Mensch im tiefsten Grunde seines Herzens ihm dienen will. Wie gut, daß unser Herr durchschaut und nicht nach der Höhenlage unseres Glaubens und unserer Nachfolge unsere Zugehörigkeit zu ihm bemißt, sondern das Herz ansieht. Er weiß, wer ihm verbunden ist, auch wenn ihm im übrigen noch soviel gebricht.

Wer ihm verbunden ist, gehört zu den „Heiligen", das heißt zu den Menschen, die durch das Blut Jesu und seine Vergebung rein gewaschen sind. Unser Herr kann sich an seinen Kindern freuen, obwohl sie ihm soviel Not bereiten. Er weiß, wer bei allem Versagen ihn doch lieb hat. Er sieht durch die ganze kommende Lebensgeschichte hindurch und weiß, wie er mit jedem ans Ziel kommt. Wir sehen bei uns auf Schritt und Tritt unsere Unzulänglichkeit. Er sieht schon das Ganze.

Weil wir total von seiner Vergebung leben, darum vergeht es uns, einander nach der Höhenlage von Glauben und Leben zu bewerten. Wir wissen, daß wir verloren wären, wenn der Herr das bei uns täte. So wie Jesus bei uns durch alle Mängel hindurchschaut, so schauen auch wir durch die Mängel unserer Brüder und Schwestern hindurch und sehen auch bei ihnen das Herz an. Es kann nicht verborgen bleiben, wer es redlich mit dem Herrn Jesus meint und ihm gehören will.

Sonst würden wir nie zueinander hinkommen, da wir immer auf die Mängel unserer Brüder stoßen. Wie gut, daß wir durch alles hindurchschauen und auf das Innerste sehen dürfen. Sicherlich sind wir keine Herzenskündiger wie Gott. Aber normalerweise wird es im Laufe des Zusammenlebens doch klar, wer in einer echten Hingabe an Christus steht.

Wie gut, daß die üblichen menschlichen Maßstäbe uns aus der Hand geschlagen sind; sonst würde die Liebe zu allen Heiligen nie Wirklichkeit werden können. Nun aber wissen wir, daß die Liebe zu Christus bei einem Menschen ganz echt sein kann, obwohl ihm in seinem praktischen Leben noch so viel fehlt. Es ist bei allen anderen Jüngern Jesu genauso wie bei uns selbst. Rein und heilig sind wir nur durch das Blut Jesu Christi und seine Vergebung. In unserem Fleisch lebt soviel Unheiliges, weil Gott mit uns noch nicht am Ziel ist und weil wir noch auf die Erlösung des Leibes warten, und dennoch sind wir von ihm aufgenommen und untereinander Brüder.

Was ist das ein Geschenk, wenn wir von den üblichen menschlichen Maßstäben gelöst sind und uns die Liebe zu allen „Heiligen" ermöglicht wurde, wenn wir nicht mehr Forderungen aneinander stellen, sondern durch alles Versagen hindurch an unserem Bruder wahrnehmen, wie er seinem Herrn dienen will. Wen Jesus aufgenommen hat, der ist unser Bruder, obgleich er durch seine menschlichen Eigenarten noch so viel zu tragen gibt. Es ist ein großer Verlust, wenn einem Kind Gottes der Blick für seine Brüder verdunkelt wird und wir durch falsche Maßstäbe verhindert werden, unsere Brüder zu sehen. Jedem, der bei Jesus Christus zu Hause ist, gilt unsere Liebe.

Es ist sehr merkwürdig, wenn diese Liebe zu allen Heiligen einem Christen nicht zu eigen ist. Es taucht die schwere Frage auf, ob die Lebensgemeinschaft mit Christus überhaupt gefunden wurde, wenn die Liebe zu seinen Kindern so gehemmt und verkürzt ist. Normalerweise ist die Freude an allen Kindern Gottes charakteristisch für jeden Christen. Was tut diese Freude aneinander uns gut. Wie schön, daß diese Freude aneinander echt und wirklich da sein kann, obwohl alle Kinder Gottes soviel Grenzen und Mängel aufweisen, weil sie Menschen sind. Wir sollten in der Gemeinde Jesu Christi der Liebe zu allen Heiligen und der großen dankbaren Freude aneinander weiten Raum geben.

Weil es in Kolossä Menschen gab, die in dem Glauben lebten, der in Jesus Christus zu Hause ist, und die diese Liebe zu allen Leuten des Herrn Christus hatten, darum wußte Paulus, daß dort Christusgemeinde Wirklichkeit geworden war. Das war für ihn in seiner Gefangenschaft ein heller Lichtstrahl. Immer wieder wanderten seine Gedanken voll Dank zu Gott, der dieses Leben in Kolossä geschenkt hatte.

Er freute sich für sie, daß die Ewigkeit nicht mehr dunkel vor ihnen lag, sondern daß sie ein helles lebendiges Ziel hatten: die Herrlichkeit bei Christus, die Vollendung seiner Gemeinde, das kommende Reich Gottes. Für ihn ist die Hoffnung nicht nur ein Gedanke, sondern eine Wirklichkeit, die in der unsichtbaren Welt und in den Plänen Gottes schon voll existiert und auf uns wartet. Bisher ging das Leben seiner Brüder in Kolossä in eine dunkle Zukunft hinein, weil es im

Gericht Gottes enden würde. Nun waren sie versöhnt mit Gott und gingen der Herrlichkeit in Christus entgegen.

So sind der Glaube, der in Jesus Christus lebt, die Liebe zu allen Heiligen und die Hoffnung auf die zukünftige Herrlichkeit bei Christus drei Lebensfaktoren seiner Gemeinde. Im Grunde aber sind es nicht drei Lebensfaktoren, sondern nur ein einziger: der Glaube, der uns mit Christus verbunden hat und in ihm Heimat gab. Mit diesem grundlegenden Vorgang ist die Liebe zu allen Heiligen und die Hoffnung auf die zukünftige Herrlichkeit gegeben. Mit Jesus, mit dem Glauben an ihn und der Gemeinschaft mit ihm ist immer das Ganze geschenkt. In ihm ist die ganze Gabe Gottes beschlossen.

Die Macht des Wortes Gottes und seine Träger

Kol. 1, 5b–8: „Hiervon habt ihr zuvor gehört in dem Wahrheitswort des Evangeliums, das ständig im Angriff auf euch ist, wie es auch in der ganzen Welt im Begriff ist, Frucht zu bringen und zu wachsen, gerade so wie auch unter euch von dem Tage an, da ihr die Gnade Gottes in Wahrheit gehört und erkannt habt, wie ihr sie kennenlerntet von Epaphras, unserem geliebten Mitknecht, der ein treuer Diener des Christus für euch ist und der uns auch kundgetan hat eure Liebe im Geist."

Das Wort Gottes ist eine einzigartige Macht. Ihm allein eignet die Kraft, den Glauben an Jesus zu wecken und in die Liebe zu allen Heiligen zu stellen. Christliche Weltanschauungen und Gedankengänge der Bibel können auch wir mit unseren Fähigkeiten übermitteln. Leben mit Christus zeugen kann nur das Wahrheitswort des Evangeliums. Wo der Glaube an Christus geboren wird, und die Liebe zu allen Heiligen entsteht, ist mehr dagewesen als Menschenwort. Da hat das Wahrheitswort des Evangeliums seine Macht entfaltet.

Sein Inhalt ist Jesus Christus. Er in seiner Person ist das Evangelium, die frohe Botschaft. Er persönlich ist die Wahrheit, neben der es keine zweite gibt. Es gibt unserem Dienst und Zeugnis für Christus eine solche Gewißheit und Stoßkraft, daß wir dieses eine Wahrheitswort ausrichten dürfen.

Weil Jesus selbst das Evangelium ist, darum ist es keine abstrakte Wahrheit, kein bloßes Gedankengebilde, sondern eine lebendige Macht, die in unmittelbarem Angriff auf uns alle ist. Paulus drückt das so aus: das Evangelium ist bei euch gegenwärtig und will ständig in euch hinein. Wir können seinen knappen griechischen Ausdruck nur in dieser Umschreibung wiedergeben. Wir spüren dem Paulus ab, mit welch einer Gewißheit und Freude er die Botschaft von Jesus ausrichtet, weil er weiß, daß sie eine gegenwärtige Macht ist, die in einem lebendigen Angriff auf uns alle steht und uns ganz für Jesus beschlagnahmen will.

Es ist sehr schmerzlich, wenn das Wort von Christus nicht mehr solch eine Gegenwartsmacht ist und nicht mehr täglich und unmittelbar seinen Angriff auf uns ausführen kann. Dann ist Lebensgefahr. Dann drohen wir zu Menschen zu werden, die keinen wirklichen Lebenszusammenhang mit dem Wort mehr haben, sondern nur Schriftgelehrte sind, die wohl ein ehrwürdiges Buch und manchen biblischen Gedankengang, aber keinen lebendigen Herrn und Seelsorger mehr besitzen. Jesus will durch das Wahrheitswort des Evangeliums im lebendigen Angriff auf uns bis zum letzten Atemzug bleiben und wirklich in uns selbst sein Werk haben.

Zur Zeit des Paulus waren erst wenige Punkte der Welt von diesem Wahrheitswort erreicht. Aber Paulus ist so gewiß der Lebensmacht des Evangeliums, daß er es im Geist schon in der ganzen Welt Frucht bringen und wachsen sieht – genauso wie in Kolossä. Er weiß, daß das, was in dieser Stadt der Provinz Asien sich begibt, typisch und wegweisend für die ganze Welt ist. Wenn es dem Wahrheitswort des Evangeliums möglich war, in diesem kleinen Winkel der Welt den Glauben an Jesus und die Liebe zu allen Heiligen zu erzeugen, dann wird ihm das bis an die Enden der Erde möglich sein. Paulus weiß, daß das Wort von Jesus die größte Lebensmacht der Welt ist, die sich durch alles hindurch durchsetzen wird. Er sieht im Geist in der ganzen Welt dies Wort von Christus am Schaffen, wie es Gemeinde des Christus erzeugt, am Leben erhält und wachsen läßt.

Wir leben 1900 Jahre später und sehen, wie die Prophetie des Paulus Wirklichkeit geworden ist und nun die Gemeinde des Christus in allen Völkern der Welt existiert. Das Wahrheitswort des Evangeliums hat seine Macht bewiesen und ist am Fruchtbringen und Wachsen auf den Tag hin, an dem unser Herr aus der Verborgenheit hervortreten und wieder zu uns kommen wird.

Diese Lebensmacht des Wortes setzte vom ersten Tag an ein, da die Botschaft von Christus in Kolossä ausgerichtet wurde. Die Botschaft war keine Moral und Ethik, keine Philosophie und Weltanschauung, sondern die Kunde von der Gnade des lebendigen Gottes, die in Jesus zu uns allen kommen will. Als die Kolosser diese Lebensmacht der Gnade Gottes als den neuen, tragenden Lebensgrund erkannten und aufnahmen, begann in ihnen eine Lebensgeschichte, die nicht mehr zum Stillstand gekommen ist.

„Von dem Tage an" schreibt Paulus; damit will er sagen, daß überall dort, wo die Lebensmacht der Gnade uns ergreifen darf, eine Entwicklung anhebt, die nicht mehr abbricht. Was ist es eine Freude und Kraft, daß unser Leben sich dieser Macht der Gnade anvertrauen darf. Da ist man wirklich geborgen. Diese Lebensmacht der Gnade trägt uns und läßt uns nie wieder los. Darum ist unser Leben mit Jesus keine Eintagserscheinung, die plötzlich wieder vergeht.

Wo er mit dieser Macht der Gnade Gottes einziehen kann, beginnt ein Leben, in dem er der Tragende, Erhaltende und Gestaltende ist und das darum in einer ständigen Bewegung auf das große Ziel hin bleibt. Hier haben wir Grund unter den Füßen und wissen, Philipper 1, 6 ist Wahrheit: „Ich bin gewiß, daß der in euch angefangen hat ein gutes Werk, der wird es auch vollenden bis an den Tag Jesu Christi."

Es ist überraschend, daß unser großer Herr uns kleine Menschen zur Ausrichtung seines Wortes und seines Werkes gebraucht. Nötig hat er uns wahrhaftig nicht. Er tut es, um uns Freude zu machen und unser Leben mit einem reichen Inhalt zu füllen. Das Leben wird erst von da ab lebenswert, wo wir in den Dienst Jesu treten und seine Boten für andere werden. Was ist das eine Freude, einem einzigen Menschen den Weg zu Jesus zeigen zu dürfen. Es gibt keinen größeren Lebensinhalt, als an dem Bau der Gemeinde unseres Herrn mitzuhelfen.

Epaphras, der die Botschaft von Jesus nach Kolossä brachte, wäre ein unbekannter Mann mit einem unbedeutenden Leben, wenn er nicht ein Bote Jesu geworden wäre. Daß Christus ihm sein Wort anvertraute, hat diesem Leben die große Linie gegeben. Uns allen ist das gleiche zugedacht. Wir sollen alle Mitknechte im Dienst des Herrn Jesu werden und seine Zeugen an andere sein, die sie zu Christus führen und bei Christus erhalten.

Mit feinem Takt nennt Paulus den Epaphras seinen Mitknecht. Auch der „große" Paulus ist in Wirklichkeit kein gro=

ßer Mann in der Gemeinde Jesu. In ihr gibt es überhaupt keine großen Leute. Den größten Titel, den wir in der Gemeinde Jesu erhalten können, ist der Titel eines Knechtes Jesu Christi. Ihm gegenüber sind alle anderen Bezeichnungen wie Pfarrer, Bischof, Professor der Theologie sehr kleine Worte. Es gibt nichts Größeres, als ein Knecht dieses großen Herrn sein zu dürfen.

Darum sind wir auch nie Herren übereinander. In der Gemeinde Jesu Christi gibt es nur Mitknechte und Mitmägde. Herr in der Christusgemeinde ist immer nur Jesus selbst. „Nicht daß wir Herren eures Glaubens sind, sondern Gehilfen eurer Freude", schreibt Paulus 2. Kor. 1, 24.

Dabei ist es selbstverständlich, daß es auch in der Gemeinde Jesu Christi Männer und Frauen in führenden Stellungen gibt und andere von ihnen geführt werden. Das zeigt das ganze Neue Testament. Wer einen geistlichen Sinn hat, wird auch immer bereit sein, sich unter solche Männer und Frauen zu stellen, denen Gott Gaben zur Führung in seiner Gemeinde gegeben hat. Aber es wird eines feinen geistlichen Taktes bei den Führenden und bei den Geführten bedürfen, daß auch die, die führen müssen, nicht in menschlicher Weise Herren über das Glaubensleben der anderen werden und daß die, die sich führen lassen, nicht in menschlicher Weise Knechte derer werden, die in der Leitung der Gemeinde stehen. Bei aller Notwendigkeit der Ordnung und Führung in der Gemeinde muß doch mit wachem Blick darauf geachtet werden, daß keiner den anderen knechtet und keiner sich knechten läßt. Alles Führen und alles Geführtwerden muß geistlich geschehen, so daß im tiefsten Grunde alle miteinander vor dem gemeinsamen Herrn stehen und von ihm ihre Befehle empfangen als solche, die untereinander Mitknechte und Mitmägde sind.

Das letzte Ziel im Dienst eines jeden Knechtes Jesu Christi kann nur sein, die ihm anvertrauten Menschen so zu Jesus selbst hinzuleiten, daß sie wirklich dessen Knechte und nicht seine Knechte werden. Es ist eine sehr fragwürdige Seelsorge, die die Menschen von uns abhängig macht und in der Abhängigkeit von unserer Seelsorge erhält. Es gibt nichts Schöneres, als wenn Kinder Gottes reifen und wachsen, so daß sie ein selbständiges Leben mit ihrem Herrn gewinnen und dadurch erst im Vollsinn untereinander Mitknechte und Mitmägde werden, die im gleichen Dienst des gleichen Herrn stehen.

„Ein treuer Diener des Christus für euch." Größeres kann von einem Jünger Jesu nicht gesagt werden. Das sollte das charakteristische Wesensmerkmal für jeden Jünger Jesu wer- den, daß er ein treuer Diener des Christus für die Gemeinde dieses Herrn ist.

Was liegt alles in diesen wenigen Worten. Wir sind keine Diener der Menschen, sondern Diener unseres Herrn. Es ist schlecht bestellt, wenn die Diener am Evangelium, in welcher Stellung sie auch sein mögen, Diener der Menschen werden. Auch das schlichteste Glied der Gemeinde Jesu sollte immer sein Wesensmerkmal darin haben, daß es ein Diener seines Herrn und nicht ein Diener der Menschen ist. Jesus selbst muß die letzte Instanz unseres Lebens sein. Unser Dienst gehört niemand anders als ihm persönlich.

Wir dienen nicht einer Kirche, einer Gemeinde, einem Christenkreis, sondern immer nur unserem Herrn. Das ist unser Adel und unsere königliche Würde. Aber wir dienen unserem Herrn in unserer Kirche, in unserer Gemeinde, in unserem Bruderkreis. Je wirklicher wir Diener Jesu Christi sind, desto mehr werden wir für alle Menschen zum Dienst bereit sein und mit herzlicher Freude unserer Kirche, unserer Gemeinde, unserem Bruderkreis dienen, auch wenn diese Ge- bilde noch soviel Bruchstellen und Schwächen aufweisen, wie es nicht anders sein kann.

Wer ein Diener Jesu ist, auf den überträgt sich die Gesin- nung seines Herrn: Phil. 2, 5—8. Er wird nicht herrschen wol- len. Er will keine Rolle spielen. Es liegt ihm nicht daran, an erster Stelle zu stehen. Er hält nicht das Stück Arbeit, an dem er steht, wie einen Raub fest. Er steht immer fragend vor seinem Herrn, immer bereit, seinen Dienst aus der Hand zu geben, immer bereit zu jedem, auch dem geringsten Dienst in der Gemeinde seines Herrn, immer bereit, hintenan zu treten. Sein Herr aber weiß um ihn und kennt seine innerste Haltung. Er weiß um unsere Treue bis ins Verborgenste. Er weiß, ob wir wirklich seine Diener für seine Gemeinde sind oder am Ende doch in allem uns oder den Menschen dienen.

Nicht nur zur Begründung und Erhaltung des Lebens mit Christus bedarf es der menschlichen Boten. Sie sind auch nötig, um die Querverbindungen in der Gemeinde Jesu Chri- sti am einzelnen Ort und durch die Welt herzustellen. Es wäre ein großer Verlust gewesen, wenn Epaphras nicht diese Verbindung zwischen der jungen Bruderschar in Kolossä und dem alten Bruder im Gefängnis hergestellt hätte. Er hat dem Paulus die „Liebe im Geist" kundgetan, die die unbekannten Brüder in Kolossä zu ihm haben.

Es ist heute oft etwas dürftig um diese Querverbindungen in der Gemeinde Jesu Christi bestellt. Man kann in Gottesdienst und Versammlungen so achtlos nebeneinander sitzen. Die Gemeinden leben oft so isoliert. Welche Mühe und Zeit haben die ersten Christen darauf verwendet, sich gegenseitig zu besuchen, Boten von Gemeinde zu Gemeinde zu senden, um voneinander zu hören und einander zu stärken und Briefe zu schreiben, durch die das Bruderband lebendig erhalten blieb. Hier liegen Aufgaben für uns alle in der Gegenwart. Wir sollten sie mit großer Hingabe in Angriff nehmen. Es lohnt sich und bringt einen unerhörten Reichtum in unser Leben. Vor allem aber entspricht es der Gemeinschaft miteinander, die Jesus Christus seiner Gemeinde gegeben hat. Daß wir nur nicht noch mehr an der Bruderschaft seiner Gemeinde schuldig werden, die durch ihn und seinen Geist eine Einheit ist!

Die Einheit und Bruderschaft der Gemeinde Jesu beruht nicht auf Sympathie, auf Freundschaft, auf warmen menschlichen Beziehungen, auf der Liebe der Seele, sondern auf der *„Liebe im Geist"*. Dieser knappe Ausdruck bringt uns die nüchterne, gesunde Art der Bruderschaft der Leute Jesu zum Bewußtsein. Alles Seelische kann nur gefährlich werden, wenn es die entscheidende Grundlage bildet — einerlei, ob das Seelische im Verstand, im Willen oder im Gemüt seinen Sitz hat. So gewiß wir die Funktionen unserer Seele nicht ausschalten können, weil sie zu unserer Existenz gehören, so gewiß ist es, daß hier nicht das Eigentliche liegt, das die Gemeinde des Herrn Christus baut. Ihre eigentliche Wesensgrundlage ist immer jene geheimnisvolle Macht Gottes, die die Schrift den „Geist" nennt. Er verwendet Denken, Willen und Gemüt, aber nur als Werkzeug, nicht als Lebensgrundlage. Echte Lebensgrundlage ist immer nur der Geist selbst.

Wo der Geist die eigentliche Lebensgrundlage bildet, wird dies darin sichtbar, daß er zu Jesus selbst führt und in ihn einwurzelt und zugleich die Liebe zu allen Leuten des Christus gestaltet. Wo die Tätigkeiten der menschlichen Seele — Verstand, Wille oder Gemüt — die Lebensgrundlage bilden, wird der Mensch nicht ganz zentral in Jesus selbst eingewurzelt, sondern in vorläufige Gebilde, in menschliche Beziehungen und Bindungen. Da wird auch nicht die Liebe zu allen Heiligen Wirklichkeit, sondern man liebt die Menschen seiner theologischen Prägung, seines Bruderkreises, seines Bekenntnisses, seiner Kirche. Wo die „Liebe im Geist" die Herrschaft bekommt, werden wir gelöst von uns, gelöst vom eigenen Stil und offen für die große Gemeinde des Herrn und jeden, der zu ihr gehört. Wir lieben ihn auch dann als unseren Bruder, wenn wir seine Art und Botschaft nicht bejahen können, weil sie nicht Christus allein zum Brennpunkt hat. Wir werden den Bruder auch dann lieben, wenn uns die Arbeitsgemeinschaft mit ihm versagt bleibt, weil das Evangelium bei ihm nicht nur Christus zum Inhalt hat. Aber die Liebe im Geist umspannt dennoch die ganze Gemeinde unseres Herrn.

Sie wird sich aber bewähren müssen durch echte Liebe im Geist am einzelnen Ort, in der eigenen Gemeinde, im engen Bruderkreis. Dort ist es am schwersten, aber zugleich am schönsten. Was ist es eine große Sache, wenn ein eng miteinander lebender Bruderkreis einer Gemeinde über alle menschlichen Verschiedenheiten und Eigenarten hinweg die Liebe im Geist bewährt und einer fest zum anderen steht, weil er sein Bruder in Jesus ist und denselben Geist von demselben Herrn hat, obwohl einer dem anderen soviel zu tragen gibt und jeder nur ein begrenzter Mensch ist. Was verbindet, sind nun nicht mehr die menschlichen Eigenschaften und Sympathien, sondern die Liebe im Geist, die darum weiß, daß der andere in aller Unvollkommenheit dennoch Christus angehört und darum mein Bruder ist.

2. Kapitel

Die Entfaltung des neuen Lebens in der Gemeinde des Christus

Kol. 1, 9–13

Die neue Lebensgeschichte

Kol. 1, 9–10 a: „Deshalb hören auch wir von dem Tage an, an dem wir es gehört haben, nicht auf, für euch zu flehen und zu bitten, daß ihr erfüllt werdet mit der Erkenntnis seines Willens in jeder Weisheit und in jedem Verständnis, wie der Geist sie gibt, um würdig des Herrn zu wandeln – zu allem Wohlgefallen."

Bekehrung und Wiedergeburt sind nicht Vollendung, sondern Anfangspunkt einer neuen Lebensgeschichte. Es ist eine große Sache, wenn Jesus uns in seine Lebensgemeinschaft aufnimmt und dadurch in seine Gemeinde eingliedert. Damit ist eine grundsätzlich neue Lage gegeben. Wie hebt sich der neue Lebensabschnitt, den wir nun in seiner Gemeinschaft leben dürfen, von der früheren Zeit ab, in der wir außerhalb der Lebensgemeinschaft mit Jesus standen. Aber das große Neue ist er, unser Herr, der uns so gütig aufgenommen hat. Das Neue sind nicht wir, sondern ganz allein er und seine neue Lebensbeziehung zu uns. Unser Fleisch ist nicht neu geworden. Aber wir stehen in einer neuen Lebensbeziehung mit Christus, die uns erlaubt, durch seinen Geist das Fleisch zu überwinden.

Er nahm uns wahrhaftig nicht auf, weil wir ihm so ebenbürtig waren, sondern nur deshalb und immer nur deshalb, weil wir seiner Vergebung und seiner heilenden und lösenden Lebenskräfte so bedürftig sind. Weil wir so krank sind, nimmt er sich unser an. Weil wir so krank sind, kommen wir zu ihm. Weil wir so krank sind und des großen Arztes bedürfen, haben wir uns in seine Hand gegeben. Bekehrung und Wiedergeburt sind der erste Schritt zum Neuwerden, aber auch wirklich nur der erste Schritt, dem viele, viele Schritte noch folgen müssen. Diese folgen aber auch wirklich. Es ist gar nicht möglich, daß Jesus in unser Leben eintritt, ohne daß eine ganz neue Lebensgestaltung durch ihn beginnt.

Bekehrung und Wiedergeburt sind die neutestamentlichen Ausdrücke, die dieselbe Tat Gottes beschreiben, durch die er uns in die Lebensgemeinschaft mit Christus stellt. In dem Begriff „Bekehrung" liegt der Ton stärker auf der Entscheidung des Menschen. In dem Begriff „Wiedergeburt" kommt zum Ausdruck, daß ein anderer uns das Leben in Christus gibt, wie wir auch in der leiblichen Geburt uns nicht selbst das Leben gaben, sondern das Leben empfangen haben.

Gott gestaltet alles im Leben seiner Gemeinde original. Darum formt sich auch dieser Anfang des zweiten Lebens mit Christus, den die Schrift Bekehrung oder Wiedergeburt nennt, bei jedem Menschen völlig anders. Das Wesen bleibt immer dasselbe: dieser zweite Lebensanfang stellt uns in die Gemeinschaft mit Jesus Christus, aber es ist Gottes originales Schaffen, wie er bei jedem einzelnen Menschen diesen Lebensanfang gestaltet. Bei dem einen drängt sich diese Geburt in einem kurzen Zeitabschnitt zusammen wie bei Paulus vor Damaskus und kann sich sehr unerwartet begeben, obwohl auch solch eine plötzliche Bekehrung immer ihre Vorgeschichte hat und seit langem von Gott vorbereitet ist. Bei anderen vollzieht sich die Bekehrung zu Christus in einer Entwicklung, die einen längeren Zeitraum umfaßt, die aber dennoch entscheidende Knotenpunkte haben wird.

Die merkwürdige Vorstellung, als wäre mit dem Begriff der „Bekehrung" immer ein plötzlicher Vorgang gemeint, der sich auf Tag und Stunde festlegen ließe, sollte endlich einmal verschwinden und keinem Menschen mehr ein Hindernis bereiten, der in einer stufenweisen Entwicklung zu Christus gekommen ist. Und ebenso deutlich sollte die merkwürdige Auffassung überwunden werden, als müßte jeder durch eine langsame Entwicklung zu Christus kommen und dürfte kein Mensch durch eine sehr revolutionäre Damaskusstunde in das neue Leben mit Christus gestellt werden. Jede mechanische Anschauung, die sich mit den Begriffen Bekehrung und Wiedergeburt verbunden hat, sollte verschwinden. Das Leben aus Gott ist nie mechanisch, sondern immer original und mannigfaltig. Es kommt nie darauf an, *wie* wir zu Christus gelangt sind, sondern daß wir heute wirklich bei ihm und in ihm sind.

Eins aber ist gewiß, daß Bekehrung und Wiedergeburt nicht wie Naturereignisse über uns kommen, ohne daß wir gefragt werden, sondern daß Gott uns alle vor eine echte Entscheidung stellt, wenn er uns mit Jesus Christus zusammenbringt, und daß es keinem Menschen erspart bleibt, ein echtes Ja der Entscheidung für Christus nüchtern und klar seinem neuen Herrn im Glauben auszusprechen.

Daß uns solche Gotteszeiten zuteil werden, in denen uns Gott zu Jesus Christus ruft und in die Entscheidung für ihn stellt, ist immer Gnade. Darum ist unsere Verantwortung so groß, ob wir in solcher Gottesstunde das Jawort für Jesus Christus finden und in echter Entscheidung uns ihm zu eigen geben. Es steht nicht in unserer Macht, solche Gotteszeiten in unserem Leben nach Belieben herbeizuführen. Sie können nur von Gott geschenkt werden. Er aber vergißt keinen, denn er will, daß allen Menschen geholfen werde, und möchte jedem den Weg zu Jesus Christus als seinem Heiland bahnen.

Es war eine große Freude für Paulus, als er aus Kolossä die Kunde bekam, daß dort Menschen in den neuen Lebens=

zusammenhang mit Jesus gestellt worden seien. Aber es war ebenso klar, daß die neue Gemeinschaft mit Christus nun eine neue Lebensgeschichte und Lebensgestaltung mit sich bringen müßte. Paulus weiß, daß alles erst ein Anfang ist, der seiner Entfaltung harrt. Darum hört er von dem Tage an, der ihm die Kunde von diesem neuen Leben mit Christus brachte, nicht auf, für seine Brüder und Schwestern zu beten, daß das Leben Jesu in ihnen sich durchsetzen und entfalten möchte.

Er weiß, daß Leben nie selbstverständlich ist. Leben ist immer ein lebendiger Prozeß, der gestört und unterbunden werden kann. In uns selbst sind die Kräfte des Fleisches am Werk, um das Leben Jesu zu hemmen. In unserer Umgebung sind genug Menschen, die das neue Leben nicht zur Entfaltung kommen lassen möchten und eine Freude hätten, wenn es wieder stürbe. In der unsichtbaren Welt sind übermenschliche Kräfte, die zielbewußt an der Arbeit sind, um jedes Leben, das Jesus gab, wieder auszulöschen.

Diese Gegenkräfte sind so stark, daß eigentlich das neue Leben im Keim erstickt werden müßte. Es ist immer erstaunlich, wenn der Anfang des neuen Lebens nicht erstickt wird, sondern sich durchsetzt und zur Entfaltung kommt. Wenn nicht Jesus selbst darüber wachen würde, käme dies nie zustande. Aber er ist der Stärkere und weiß mit Meisterhand aus den ersten Anfängen heraus eine neue Lebensgeschichte zu gestalten. Es braucht aber wirklich die ganzen Lebenskräfte des Herrn Christus, wenn solch junges Glaubensleben nicht verkümmern soll. Er allein ist stark genug, um das Leben mit ihm zu erhalten und zu entfalten.

Darum betet Paulus in seiner Zelle mit ganzer Hingabe für seine jungen Brüder in Kolossä. Sein Gebet ist eine heiße Schlacht für sie. Wir merken es dem Doppelausdruck „flehen und bitten" an, wie er sich einsetzt. Gebet setzt die Kräfte der unsichtbaren Welt Gottes in Bewegung. Es sind treue Menschen nötig, die solch junges Glaubensleben mit ihrem Gebet umgeben, auf daß das Neue nicht erdrückt wird, sondern zu einer Entfaltung in einer neuen Geschichte des Lebens kommt.

Paulus hat die junge Gemeinde in Kolossä nie gesehen, aber es besteht zwischen ihnen das geheimnisvolle Band, das Jesus Christus um seine ganze Gemeinde knüpft. Hunderte von Kilometern sind sie getrennt und doch ganz nahe bei=

einander. Das Band, das sie miteinander verbindet, ist Jesus selbst. Der Geist, den er den Gliedern seiner Gemeinde gibt, schafft eine unmittelbare Gemeinschaft über alle Entfernungen hinweg und stellt sie in die Bruderschaft, daß man nicht anders kann, als miteinander zu leben und von Herzen aneinander zu denken.

Es ist eine merkwürdige Erscheinung, wenn Jünger Jesu eine Privatexistenz für sich haben und nicht in ihrem Wohnort und über ihn hinaus mit anderen Jüngern Jesu verknüpft sind und für sie im Gebet eintreten müssen. Es ist sehr merkwürdig, wenn eine Gemeinde des Herrn Christus nicht in lebendiger Beziehung zu anderen Gemeinden ihres Herrn steht und an sie denkt und für sie betet. Irgendwo will in einer echten Gemeinde die Stätte sein, da man auch miteinander an andere Gemeinden und andere Jünger Jesu denkt, die vielleicht durch weite Entfernungen von uns getrennt sind und denen doch unsere ganze Liebe, unser herzliches Gebet gehört.

Was ist es eine Freude, an der Lebensgeschichte von anderen Gemeinden Jesu in der Nähe oder Ferne beteiligt zu sein und mitzuerleben, wie sich in ihnen das neue Leben entfaltet. Was gibt das eine Beziehung hinüber und herüber. Welch ein Reichtum sind die Briefe, die zwischen solchen Gemeinden ausgetauscht werden. Wie ist es schön, wenn Briefe aus der Nähe oder Ferne, aus dem eigenen Land oder aus Übersee kommen und an dem Ringen und Werden einer Gemeinde Jesu Christi Anteil geben.

Wie arm ist eine Gemeinde und ein Christenleben, das diese Querverbindung entbehren muß. Für die Gemeinden des ersten Jahrhunderts und der Gegenwart ist diese Verbundenheit miteinander ein Stück des neuen Lebens. Es deutet auf innere Erkrankung, wenn dieses Lebenselement fehlt. Paulus konnte gar nicht anders, als in seiner Zelle mit seinen Brüdern in der Ferne mitzuleben und für sie im Gebet einzustehen.

All unser Sorgen umeinander betrifft letzten Endes den einen Punkt, daß das neue Leben mit Christus nicht nur ein Anfang sei, der wieder abbricht, sondern einen lebendigen Fortgang finde. Die Verkümmerung vieler Jünger Jesu hängt damit zusammen, daß sie bei den ersten Anfängen des Lebens mit dem Herrn stehenbleiben und nicht einen Durchblick durch das gewinnen, was ihr Herr mit ihnen vorhat. Darum kann unser Gebet füreinander nur den einen Zielpunkt haben, daß wir mit der Erkenntnis seines Willens erfüllt werden und einen wirklichen Einblick in die Pläne Gottes mit uns bekommen.

Unsere Erkenntnis läuft immer der Verwirklichung in unserem Leben voraus. Das kann gar nicht anders sein. Das ist das Normale. Wie sollte sich das neue Leben gestalten und entfalten können, wenn wir nicht eine Schau für die vor uns liegenden Lebensmöglichkeiten und Zielsetzungen Gottes bekämen, die er mit uns hat. Welche Kraft und welcher Ansporn liegt in jedem neuen Einblick in Gottes Pläne mit uns.

Darum ist der Umgang mit der Bibel und die Offenheit für den Geist Gottes für die Entfaltung des neuen Lebens entscheidend. Nur aus dem Umgang mit der Schrift und der verborgenen Gemeinschaft mit unserem Herrn erwachsen uns die Einblicke in die Pläne Gottes, die er mit seiner Gemeinde hat. Wie wird uns da deutlich, was unser Herr mit uns vorhat: seine Leute aus den ersten Anfängen des Lebens mit ihm von Klarheit zu Klarheit in sein Bild umzuformen, auf daß einmal seine Art ganz unsere Art und sein Wesen ganz unser Wesen wird.

Jesus Christus will in uns Gestalt gewinnen, daß wir an dem Tag, da er wiederkommt, nicht nur dem Namen, sondern auch dem Wesen nach seine Brüder und Schwestern sind. Wenn Christus in unser Leben eingetreten ist, wird es die eine große, zentrale Lebensaufgabe, der alle anderen untergeordnet sind, zu werden wie er. Daß wir für diese letzte große Zielsetzung der Pläne Gottes den Blick gewinnen, ist lebensentscheidend.

„Erfüllt werden mit der Erkenntnis seines Willens" — das heißt: Gott will uns zu Menschen machen, in denen Jesus Christus Gestalt gewonnen hat. Das ist ein langer Lebensprozeß, der bis in die Ewigkeit hineinragt.

Viele Jünger Jesu lesen aus der Schrift ganz andere Zielsetzungen heraus und bleiben an kümmerlichen Nebendingen hängen. Selbst wenn es so große Dinge wie Taufe und Abendmahl sind, so stehen wir hier doch nie vor den letzten Zielsetzungen Gottes, sondern immer nur vor seinem treuen und freundlichen Helfen, damit wir das große Ziel gewinnen: zu werden wie Christus. Von diesem großen Ziel sollen wir abgelenkt werden und unser Leben in frommen Formen, in kultischen Handlungen, in religiösen Grundsätzen erschöpfen, damit das Eigentliche sich nicht begeben kann. Darum braucht es eine Weisheit und ein Verständnis, wie der Geist sie gibt.

Man kann aus der Schrift auch eine Weisheit und Verständnis gewinnen, die mit biblischen Vokabeln gefüllt sind und doch nur von kümmerlichen Gesichtspunkten, wie sie in allen menschlichen Religionen üblich sind, gestaltet wurden, aber nicht vom Geist Gottes. Der Geist Gottes lenkt von allem Nebensächlichen und Zweitrangigen weg zu dem großen Zentralpunkt, daß ein wirklich neues Leben sich gestaltet, über dem als Leitmotiv steht: „Würdig des Herrn."

So bedeutungsvoll ein echter, lebendiger Gemeindeaufbau und eine gute und klare Lehrbildung ist, so hat dies alles doch nie Bedeutung in sich selbst und ist niemals Selbstzweck. Alles ist nur Hilfe, um einen echten Weg mit dem Herrn Christus im tatsächlichen Leben zu gestalten und unser Leben unter seine Herrschaft zu bringen. Es geht darum, daß wir würdig des Herrn wandeln — zu allem Wohlgefallen.

Christus will uns nicht zu „religiösen" Menschen machen, sondern zu Menschen, die im Alltag auf ihn hören. Es geht ihm nicht um gottesdienstliche Veranstaltungen und heilige Handlungen — so wesentlich echter Gottesdienst und so wesentlich echtes Sakrament ist, sondern um die tatsächliche Durchdringung unseres Wesens mit seinem Wesen und die Gestaltung unserer Beziehungen zu den anderen Menschen nach seinen Gedanken, daß unser Leben unserem Herrn entsprechend ist und sein Auge mit Freude darauf ruhen kann.

Jesus ist eben kein Religionsstifter, der uns zu „frommen" Menschen machen will, sondern er ist der Herr, der im Auftrag Gottes unser wirkliches Leben regieren, gestalten und mit seinem Leben erfüllen will. Das ist uns keine Last und kein hartes Muß. Das ist uns kein Joch und kein Zwang. Jesus ist nicht der harte Gesetzgeber und Diktator unseres Lebens, obwohl er die unbedingte Befehlsgewalt über uns haben will. Es ist uns vielmehr eine tiefe Freude und Erfüllung unseres Lebens, ihm zu dienen und unser Leben unter seine Leitung zu stellen.

Es ist schade um jedes Stück, das wir von seiner Herrschaft abbrechen. Unglücklich werden wir immer dann, wenn wir ihm ein Lebensgebiet entziehen. Ein Leben „würdig des Herrn" ist das Größte, was es gibt. Das gibt unserem Leben wirklichen Wert und eine echte, große Linie, die über den Tod hinaus ihre Bedeutung hat. Das, was von unserem Leben und unserer Person bleibt und in der Ewigkeit vor Gott Bedeutung hat, ist das, was Jesus in sein Bild umformen konnte und was wir unter seiner Führung lebten.

Was wäre es schön, wenn jede Sekunde sein Auge mit Wohlgefallen auf uns ruhen dürfte, wenn kein Gedanke sich vor ihm verstecken müßte, wenn wir uns keiner Linie unseres Wesens zu schämen brauchten, wenn er in all unsere Beziehungen zu unseren Mitmenschen hineinschauen dürfte. Ein Jünger Jesu kann nur den einen Gedanken haben: allezeit bis ins Verborgenste unter den Augen seines Herrn zu leben. Er weiß, daß alles, was ihm verborgen werden müßte, Sünde ist. Er weiß, daß es ein klarer Maßstab ist, wenn bei allem und jedem die Frage vor uns steht: „Dürfte das Auge meines Herrn darauf ruhen? Dürfte er um alles wissen?"

Die Entfaltung des neuen Lebens im Alltag

Kol. 1, 10b: „Als Menschen, die in jedem guten Werk Frucht bringen."

„Würdig des Herrn" heißt zuallererst, in jedem guten Werk Frucht bringen und den Alltag unter die Herrschaft des Herrn Christus stellen. Paulus sorgte sich um seine Brüder in Kolossä, daß dort jene verhängnisvolle Verschiebung des neuen Lebens sich begeben könnte, die das wirkliche Leben durch „Religion" ersetzen will. Es gibt aber keinen Ersatz für die Nachfolge Jesu und das Leben mit ihm durch religiöse Handlungen, gottesdienstliche Formen und feierliche Stimmungen. Selbst das intensive Forschen in der Schrift ist kein Ersatz für das tatsächliche Leben mit dem Herrn.

Diese tragische Verschiebung hat sich im Laufe der Geschichte der Gemeinde Jesu immer aufs neue wiederholt und will sich bei uns allen immer wieder einschleichen. Es bedeutet aber jedesmal eine geistliche Katastrophe, wenn ein Mensch die Flucht aus der Welt des Alltags in die Welt der „Religion" antritt.

Echtes Leben mit Christus bewährt sich an erster Stelle in der Gestaltung des Alltags. Es ist charakteristisch für die Echtheit des Paulus, der in diesem Brief grundlegende Erkenntnisse aussprechen will, daß er von vornherein sich gegen das tragische Mißverständnis sichert, als wären diese Erkenntnisse das eigentliche Leben. Je tiefer die Erkenntnis des Willens Gottes und der Pläne, die er mit Christus hat, desto tiefer die Einwirkung auf den Alltag und die wirkliche Prägung unserer Person.

Die letzte Stoßrichtung der Arbeit des Herrn Christus an seiner Gemeinde geht nicht in der Richtung großer und tiefer Erkenntnisse. Alle Erkenntnisse, die er uns schenkt, sind nur Hilfsmittel, um den eigentlichen Stoß zu führen, der unser tatsächliches Leben ihm untertan machen will und uns nach seinen Gedanken prägen möchte.

Die Echtheit der erkenntnismäßigen Erfassung des Evangeliums bewährt sich darin, daß sie ganz unmittelbar in die Seelsorge Jesu bringt und dadurch ein intensives Ringen um die Gestaltung unseres Alltags und unserer Person nach seinen Gedanken auslöst. Die Seelsorge Jesu will in jeder Hinsicht echte Frucht auslösen und gestalten. Kein Lebensgebiet bleibt von seiner Seelsorge unberührt. Leben mit Christus ist nicht eine Religionsinsel inmitten des übrigen Lebens.

Leben mit Christus ist nicht Gottesdienst Sonntagmorgen von 10 bis 11 Uhr. Leben mit Christus ist nicht ein Abend biblischer Vertiefung und gemeinsamen Gebets. Leben mit Christus beschränkt sich nicht auf ein paar Stunden, da man in stiller Besinnung zusammenkommt. Das alles ist nur die große Hilfe, auf daß das Leben mit Christus jeden Tag der Woche durchzieht. Das Zusammenleben in der Familie, der Umgang mit den Nachbarn und Arbeitskameraden, das verborgenste Privatleben und das offenkundigste Geschäftsleben, die Ausrichtung der Ehe und des Dienstes, die Verwendung des Geldes und der Zeit – kurz, in „jedem guten Werke" will das neue Leben Christi sich entfalten.

„Gutes Werk" ist es freilich nicht in dem Sinn, als könnten wir irgendwie darauf stolz sein und vor Gott irgendein Recht darauf begründen. Nichts wächst aus uns heraus. Alles stammt aus dem geschenkten neuen Leben. Alles ist erst Anfang. Nichts ist vollendet. All das sogenannte gute Werk bedarf der vielfältigen Vergebung. Es ist bei uns allen noch ein Bruchstück, von mannigfacher Sünde durchsetzt.

Und doch ist es herrlich, wenn das neue Leben sich regt und in den Alltag einzudringen beginnt, um ihn nach den Gedanken Jesu neu zu formen. Was ist es eine Freude, Menschen zu begegnen, die Christus in den Grundelementen des Lebens umschmiedet und zu neuen Menschen macht, obschon sie alles andere als perfekte Heilige sind und jeden Tag die

Vergebung nötig haben. Dennoch ist es unverkennbar und etwas Großes, wenn das neue Leben den Menschen und seinen Alltag zu formen beginnt.

Die Entfaltung des neuen Lebens in echter Erkenntnisbildung

Kol. 1, 11 a: „Als Menschen, die in der Erkenntnis Gottes wachsen."

Nachdem Paulus sich gesichert hat, daß niemand das Wesen des neuen Lebens in die Sphäre gedanklicher Erkenntnis verlagert, spricht er nun an zweiter Stelle kräftig aus, daß das neue Leben nicht nur die Praxis des Alltags formen will, sondern auch eine neue gedankliche Schau und Erkenntnis von den Plänen Gottes uns vermitteln möchte.

Es war ein großes Geschenk in der Stadtmissionsgemeinde Berlin-Ost, daß wir in dem ersten Jahrzehnt von 1919—1929 in ein heißes Ringen um das ganz persönliche tägliche Zusammenleben mit Christus geschoben wurden. Es ging in diesem ersten Jahrzehnt alles um die Bildung des neuen Gewissens unter dem Einfluß Jesu. Die Liebe zu ihm ist der große Motor, der das Gewissen in einer neuen Richtung in Bewegung setzt. Es entspricht der Klarheit und Treue der Seelsorge Jesu, daß er erst diese Grundlagen schaffen wollte.

Aber es war eine ebenso große Treue von seiner Seite, daß er in dem zweiten Jahrzehnt von 1929—1939 zielbewußt die Bildung der Erkenntnis in Angriff nahm und uns in ein so intensives und grundsätzliches Bibelstudium hineinschob, damit von daher eine echte gedankliche Erfassung des Evangeliums möglich würde.

Die Liebe zu Jesus ist immer der grundlegende Faktor des Lebens.

Es wird alles öde und leer, wenn der kühle, blasse Gedanke regiert und nicht die herzliche Liebe zu Christus das Leben durchpulst. Aber die Liebe braucht einen Kompaß, um sich nicht in guter Meinung zu eigentümlichen und schwärmerischen Abwegen verleiten zu lassen. Dieser Kompaß ist eine echte Erkenntnisbildung von der Schrift her, die es uns ermöglicht, klare Urteile zu bilden und die Fragen des Lebens den Gedanken Jesu entsprechend zu beurteilen.

Die Liebe zu Jesus hat sich im Laufe der Geschichte in den merkwürdigsten Formen ausgedrückt, weil eine klare Erkenntnisbildung von der Schrift her fehlte. Ohne die gedankliche Klarheit ist der naive Jünger Jesu in Gefahr, sich jeder kräftigen Forderung, die an ihn gestellt wird, hinzugeben, um Jesus in völliger Hingabe zu dienen.

Wie oft sind diese radikalen Forderungen einer sogenannten Nachfolge und Heiligung nichts anderes als menschliches frommes Gesetz. Eine klare Schau des Evangeliums will davor bewahren, dem frommen Gesetz verschiedenster Prägung anheimzufallen. Bei Jesus Christus gibt es keine frommen Gesetze. Er ist und bleibt das Ende alles Gesetzes. Er in seiner Person ist das lebendige Gesetz seiner Gemeinde.

Das alles will einmal grundsätzlich vom Evangelium her erfaßt werden. Darum ist es schon entscheidend, daß das neue Leben sich nicht nur in der Praxis des Alltags entfaltet, sondern auch in einer neuen Gedankenbildung vom Evangelium her in einer echten Theologie.

Paulus wußte, daß seine Brüder in Kolossä in schwerer Gefahr waren, das Wesen des neuen Lebens an verkehrter Stelle zu suchen und zugleich ihren neuen Herrn nicht mehr die alleinige Quelle ihres Lebens sein zu lassen. Aus Mangel an echter Durchschau glaubten sie Anleihen aus der Welt der menschlichen Religion in Gestalt von neuen gottesdienstlichen Ordnungen, heiligen Handlungen, mystischen Erlebnissen aufnehmen zu müssen, weil sie nicht erfaßten, daß Jesus Christus der totale Inhalt des Evangeliums ist und keiner Ergänzung bedarf. Darum liegt ihm dringend daran, daß nächst der Durchdringung des Alltags auch ihre Erkenntnisbildung neu geformt würde und eine Gestalt annähme, die „würdig des Herrn" ist, das heißt, ihm den einen überragenden Platz läßt, der ihm gebührt.

Unsere Erkenntnisbildung ist nie fertig. Sie ist ein stetiges Wachstum. Es ist unsere ganze Freude in dem Leben mit Christus, daß auch gedanklich nie ein Stillstand eintritt. Bei ihm gibt es auch erkenntnismäßig eine lebendige Entwicklung von Klarheit zu Klarheit. Darum ist das Leben mit ihm so reich und nie langweilig. Es ist etwas Schönes, jungen und alten Christen zu begegnen, die sich in dieser lebendigen gedanklichen Entwicklung befinden. Die versteinerten Christen, in denen sich gedanklich nichts regt und bewegt, sind eine schmerzliche Erscheinung.

Das hängt nicht mit unseren angeborenen intellektuellen Fähigkeiten zusammen, sondern mit dem Geist Gottes. Ich habe kluge Menschen kennengelernt, die von der großen Welt Jesu und der Herrlichkeit des Evangeliums nichts erfaßten, weil ihnen der Geist Gottes versagt war. Ich bin einer Fülle sehr schlichter Menschen begegnet, die nur die bescheidenste Schulbildung genossen hatten, die sich aber Jesus Christus öffneten und von ihm den Geist Gottes empfingen und darum eine erstaunliche Entwicklung durchliefen, die ihnen eine beneidenswerte Weisheit und Erkenntnisbildung brachte.

Das Leben mit Christus und der Umgang mit der Schrift ist eine Universität ersten Ranges. Wer ihm sich öffnet, in seiner Gemeinde lebt und einen lebendigen Umgang mit der Schrift hat, wird von Jahr zu Jahr tiefer in den Reichtum des Evangeliums hineinwachsen und ein denk- und urteilsfähiger Mensch werden. Als junger Soldat im ersten Weltkrieg bin ich einem Christen begegnet, dessen Weisheit und gedankliche Klarheit ganz prachtvoll war. Er war ein echter Professor der Theologie – ein wirklicher Schriftgelehrter voll Leben und Geist. Aber er konnte nicht richtig Deutsch sprechen. Es unterliefen ihm viele Sprachfehler. Er war ein bescheidener Straßenkehrer aus einer deutschen Großstadt, aber ein Gelehrter Gottes.

Wenn Christen in ihrer Erkenntnisbildung verkümmert sind und nicht in den Reichtum des Evangeliums auch gedanklich hineinwachsen, dann hängt das nicht selten mit ganz praktischer Sünde zusammen, die den Geist Gottes dämpft und darum das Denken lähmt. Wer mit der Schrift und seinen Brüdern und Schwestern im lebendigen Austausch steht und seinem Herrn im Alltag gehorsam sein möchte, wächst auch in der Erkenntnis Gottes. Vielleicht wird er nie eine Kanzel besteigen, nie eine große Rede tun. Aber in der Begegnung von Mensch zu Mensch, in dem vertrauten Zusammensein der Jünger Jesu wird er bald den einen, bald den anderen Beitrag geben, der erkennen läßt: hier ist ein Mensch, der in der Erkenntnis Gottes von Klarheit zu Klarheit wächst und dem durch den Zusammenhang mit der Schrift eine neue Schau und Urteilsbildung zuteil geworden ist.

Dazu gehört auch Einsatz von Kraft und Zeit. Es kostet wirklich etwas, solche Erkenntnisbildung zu gewinnen. Es genügt nicht, hier und da einmal einen Brocken aus der Bibel aufzuschnappen. Sie will in ihren großen Zusammenhängen gelesen und durchforscht werden. Es sollte im Leben eines Christen manchen Abend geben, an dem er ein Buch der Bibel im großen Zusammenhang liest oder einzelne Kapitel und Abschnitte gründlich durchdenkt.

Um in der Erkenntnis Gottes und seiner Pläne zu wachsen, braucht es die Bruderschaft, sei es in Gestalt von lebendigen Menschen, mit denen man über der Bibel zusammensitzt, sei es in Gestalt von Büchern, durch die Brüder aus der Vergangenheit und Gegenwart zu uns sprechen. Was ist es für ein Geschenk, daß wir nicht als einzelne dem Herrn Christus folgen, sondern inmitten seiner Gemeinde stehen und miteinander die rechte Schau des Evangeliums auch gedanklich gewinnen dürfen.

Das ist der Fluch alles Einzelgängertums, aller Isolierung, der nicht wenige Christen immer wieder anheimfallen, daß sie dann auch in ihrer gedanklichen Entwicklung verkümmern oder in komische Linien und Sackgassen geraten, weil ihnen der fruchtbare Austausch, die Ergänzung und Korrektur durch ihre Brüder fehlt. Das Leben inmitten der Bruderschaft der Gemeinde Jesu ist auch ausschlaggebend für das gediegene Wachstum in der Erkenntnis Gottes.

Eine Gemeinde des Herrn Christus und eine Bewegung im Reich Gottes wird auf die Dauer nur fruchtbar sein, wenn ihr Erkenntnisstand kein verkümmerter und armseliger ist, sondern wirklich die Höhenlage des neutestamentlichen Evangeliums gewinnt. Echte Erkenntnisbildung vom Neuen Testament her will davor bewahren, daß unser Leben mit Christus sich in seelischer Weise entwickelt und in schwärmerischen Stimmungen und Empfindungen erschöpft.

Erkenntnisbildung vom Neuen Testament her stellt in die ganze Klarheit des Geistes und Glaubens, der weiß, daß ihm mit Christus alles von Gott gegeben ist, was er zum Leben und Sterben braucht. Solcher Glaube gründet sich nicht auf Gefühle und Empfindungen, sondern ganz allein auf Christus selbst und weiß, daß er unabhängig von all unserem Erfahren und Erleben immer derselbe starke, tragende Grund unserer Gemeinschaft mit Gott und des neuen Lebens ist.

Die Entfaltung des neuen Lebens in der Stetigkeit der Entwicklung

Kol. 1, 11 b: „Als Menschen, die mit jeder Kraft gestärkt werden nach der Macht seiner Herrlichkeit zu jeder Standhaftigkeit und jeder Langmut."

Es ist überraschend, daß Paulus diese Linien in der Ent=

faltung des neuen Lebens an dritter Stelle nennt — nach dem Alltag und nach der Erkenntnisbildung. Er weiß von sich selbst und anderen, wie stark das neue Leben mit Christus gefährdet ist, wie wir gelähmt werden können und müde zu werden drohen. Es ist keine Selbstverständlichkeit, wenn nach fünf oder zehn Jahren das Leben mit Christus noch so frisch ist wie in den Anfängen. Es ist immer eine große Sache, wenn ein Jünger Jesu in einer lebendigen, stetigen Entwicklung bleibt. Es gehört zum Schönsten, alte Christen zu treffen, an denen diese Stetigkeit der Entwicklung noch wahrzunehmen ist und in denen die Entfaltung des neuen Lebens noch nicht zum Abschluß gekommen ist.

Eine Fülle von Gefahrenmomenten bedrohen das neue Leben. Auch im Blick auf Jesus Christus ist die Gewöhnung eine unheimliche Macht. Wie sich Brautleute und Eheleute, die sich sehr liebhaben, aneinander gewöhnen und das Schöne im anderen gar nicht mehr empfinden, so kann es uns auch mit unserem Herrn gehen. Vielen Jüngern Jesu ist es so selbstverständlich geworden, daß sie um Jesus Christus wissen. Sie können nicht mehr darüber staunen, daß ihnen der neue Blick für ihn geschenkt wurde. Sie haben vergessen, welch eine Offenbarung von Gott her es war, als ihnen Jesus in seiner Wirklichkeit und Größe aufging.

Zu fassen ist es ja nicht, daß ein Christ sich so an seinen großen Herrn gewöhnt, daß er alltäglich wird, denn jeder von uns erfährt von ihm soviel Freundlichkeitsbeweise, soviel Aufmerksamkeiten durch jede Woche hindurch, daß wir ihn nur um so lieber gewinnen können. Wie macht es einen immer aufs neue froh und dankbar, wenn man handgreiflich beobachtet: Jesus denkt an uns.

Vor allem aber ist es seine unendliche Geduld und Güte, sein immer neues Vergeben, das uns mit solcher Macht an ihn bindet und ihn nie zur Alltäglichkeit und Selbstverständlichkeit werden läßt.

Es ist darum schon unheimlich, wenn die Macht der Gewohnheit solch eine Kraft in unserem Leben gewinnt, daß sie die Liebe zu Jesus und die Freude an ihm lähmt und dämpft. Das deutet immer auf einen ganz tiefen Schaden in der innersten Beziehung hin. Es braucht darum wirklich alle „Kraft seiner Herrlichkeit", wie Paulus sagt, um uns mit jeder Kraft zu stärken, daß wir in einer lebendigen, stetigen, frischen Entwicklung bleiben und das neue Leben nie alt wird.

Zu der Macht der Gewohnheit tritt die ganze Unheimlichkeit der Sünde, die in den Tiefen unseres Wesens lebt, die wir schon als Erbmasse von unseren Vorfahren mitbekommen haben, und die wie ein unterirdischer Vulkan nur darauf wartet, auszubrechen und neues Unheil hervorzurufen. Dagegen sind wir nie gesichert. Es leben in uns allen unheimliche Abgründe. Wir verstehen, daß Paulus mit jeder Kraft von seinem Herrn gestärkt werden möchte, damit es nicht ein Absinken und Versinken in diese Abgründe gibt, sondern eine stämmige, stetige Entwicklung von Klarheit zu Klarheit hinein in das Bild Jesu.

Zu den dunklen Einflüssen aus uns selbst gesellen sich die starken Eindrücke aus unserer Umgebung. Wie mancher Jünger Jesu ist der erste in der Familie, der den Weg zu Christus fand, und muß einen einsamen Weg gehen – gegen die ganze Familie, gegen die ganze Verwandtschaft, gegen den ganzen Kreis der Arbeitskameraden und Freunde. Manch einer ist von dieser Übermacht überwältigt worden. Unzählige haben aber auch erfahren, daß die Macht der Herrlichkeit Jesu zu jeder Standhaftigkeit stärken kann, daß wir auch in der schwierigsten Umgebung nicht überwältigt werden, sondern unseren Weg mit Jesus finden und durchhalten können.

Es ist etwas Feines um diese stämmige, stetige Entwicklung von Menschen, die mit einer zielklaren Folgerichtigkeit ihren Weg mit Christus gehen. Sie denken gar nicht daran, irgendwo Kompromisse zu schließen. Wenn alle gegen sie stehen, gehen sie doch ihren Weg mit Jesus. Sie können ihn nicht verleugnen und verraten. Er ist ihnen zu groß und übermächtig geworden. Sie werden von seiner geheimen Macht gestärkt und getragen, die sie zu jeder Standhaftigkeit befähigt.

Am unheimlichsten aber sind die überweltlichen Kräfte der unsichtbaren Welt, die nicht aus der Welt Gottes, sondern aus der Welt der Dämonen stammen. Die Schrift bezeugt uns die Wirklichkeit dieser dunklen, übermenschlichen Geistesmächte. Viele Versuchungen und Anfechtungen überfallen uns, die nicht aus uns stammen, bei denen wir eindeutig merken, daß sie ihre Quelle in unsichtbaren, geistigen Angriffen von außen haben. Schmerzliche Wunden und Narben bringen uns diese Angriffe bei. Wir sind nie sicher vor ihnen. Jeden Augenblick können sie uns überfallen und überlisten. Ihren Täuschungsmanövern und ihren getarnten Angriffen ist mancher Jünger Jesu schon erlegen. Es ist eine unheimliche Sache, daß solch eine unsichtbare Welt dämonischer Gewalten uns umgibt.

Aber Jesus ist stärker. Er hat über all diese dunklen Mächte am Kreuz gesiegt und ist heute der „Fürst des Lebens" zur Rechten Gottes. Er kann uns mit der Macht seiner Herrlichkeit zu jeder Standhaftigkeit und jeder Langmut stärken, daß wir wirklich durchkommen, daß wir nicht irgendwo Schiffbruch erleiden, sondern in einer stetigen Entwicklung bis zuletzt bleiben.

Wir verstehen, daß wir zu jeder „Standhaftigkeit" gestärkt werden müssen. Luther hat diesen Ausdruck mit „Geduld" übersetzt. Aber es liegt mehr darin, obwohl Geduld eine gewaltige und große Sache ist. Es ist schon ganz groß, wenn ein Christ in hartem, schwerem Schicksal aufrecht steht und in großer Geduld seinen Weg geht und im Frieden Jesu bleibt. Doch wird dies alles noch männlicher und stärker ausgedrückt, wenn wir das Wort mit „Standhaftigkeit" übersetzen.

Daß Paulus den Ausdruck „Langmut" noch hinzufügt, verwundert uns zunächst. Aber wir verstehen ihn gut, sowie wir das Wort in seine Bestandteile zerlegen und die Frage ins Auge fassen, warum wir solchen „langen Mut" nötig haben, um in einer stetigen Entfaltung des neuen Lebens bleiben zu können. Wir brauchen einen „langen Mut", der nicht schnell Schluß macht, wenn wir Enttäuschungen im Blick auf Menschen und Verhältnisse erleben, die uns erdrücken wollen. Wir brauchen langen Mut im Blick auf die Gemeinde Jesu und ihre Glieder, die auch nur Menschen sind und darum ihre großen Begrenzungen haben. Wir brauchen langen Mut, damit wir den Begriff der Enttäuschung an Kindern Gottes gar nicht in uns aufkommen lassen, sondern wirklich langen Mut mit ihnen haben, da wir wissen, daß unser Herr auch langen Mut mit uns haben muß, die wir ihn auf Schritt und Tritt enttäuschen.

Nicht zuletzt aber brauchen wir langen Mut im Blick auf uns selbst. Jeder Christ, der ein feines Gewissen hat, will oft an sich selbst schier verzagen, weil er meint, es ginge gar nicht vorwärts mit ihm, sondern rückwärts. Er entdeckt im Laufe des Lebens mit Christus so viel Schmerzliches an sich selber. Er erlebt so viel Versagen und Zukurzkommen. Er erfährt so viel Enttäuschung an sich selbst, daß er schier verzweifeln möchte.

Er weiß nicht, daß dies alles ein entscheidendes Merkmal für das lebendige Arbeiten des Geistes in ihm ist. Sonst würde er nicht so enttäuscht über sich sein. Sonst würde er nicht so hellsichtig für seine eigenen Fehler werden. Das dankt er der lebendigen Arbeit des Geistes Gottes. Er weiß nicht, daß die Treue Jesu ihm das Schöne, das Neue, das Positive verbirgt, damit nicht sein Selbstbewußtsein dadurch in falscher Weise gesteigert wird und der Schmelz von all dem Neuen verlorengeht.

Es ist schon etwas Besonderes, wenn ein Jünger Jesu nicht in dieser Selbstverständlichkeit und Sicherheit lebt, die so schmerzlich und tötend ist, sondern so stark sich seiner Unzulänglichkeit und seines vielfältigen Versagens bewußt ist, daß er diesen langen Mut mit sich selbst als eine besondere Gabe seines Herrn braucht. Das sind die Leute der ersten Seligpreisung, die arm in sich sind, keine selbstbewußten Pharisäer, sondern schlichte, niedrige, bescheidene Jünger unseres Herrn, in denen aber die ganze Größe seines Lebens – ihnen unbewußt – sich entfaltet. Wir haben einen treuen Herrn, der uns nicht in dem Bewußtsein unserer Unzulänglichkeit versinken läßt, sondern uns in aller Kraft mit der Macht seiner Herrlichkeit zu allem langen Mut mit uns selbst stärkt – nicht zuletzt dadurch, daß wir merken, welch langen Mut er selbst mit uns hat.

Das beschämt uns tief und setzt uns in den Stand, auch unsere Brüder und Schwestern, die schwierig sind, mit demselben langen Mut zu tragen, mit dem Jesus uns trägt.

So wacht unser Herr über jedem Glied seiner Gemeinde, daß es nicht nur einen Anfang des neuen Lebens gibt, sondern einen lebendigen Fortgang, eine stetige Entwicklung bis hin zum letzten großen Ziel.

Die Entfaltung des neuen Lebens in dem großen Dank gegen Gott

> Kol. 1, 11 b–13: „Als Menschen, die mit Freuden dem Vater Dank sagen, der uns tüchtig gemacht hat zum Erbteil der Heiligen im Licht, der uns aus dem Herrschaftsbereich der Finsternis errettet und in den Herrschaftsbereich des Sohnes seiner Liebe versetzt hat."

Das Ziel der Entfaltung des neuen Lebens ist die Ehre Gottes. Alles, was Christus in seiner Gemeinde tut, hat als letztes

Ziel, daß Gott gepriesen und geehrt wird. Nirgends drückt sich das schöner aus, als wenn die Herzen seiner Kinder von tiefem Dank gegen Gott erfüllt sind, der sie in diesen neuen Lebensstand gebracht hat.

Es ist uns immer aufs neue zum Verwundern, daß Gott solche Menschen, wie wir sind, zu seinen Kindern macht und uns ein solch wunderbares Erbteil bei ihm in der Herrlichkeit bereitet hat, obwohl wir nicht das Geringste davon verdienen. 1. Joh. 3, 1 steht: „Sehet, welch eine Liebe hat uns der Vater erzeigt, daß wir Gottes Kinder sollen heißen; und wir sind es!" Diese unerhörte Tatsache erfüllt jeden, dem sie zuteil wird, mit solchem Staunen, daß er nur mit tiefer Anbetung und Freude seinem Vater im Himmel dafür danken kann.

Es überwältigt uns, daß wir jetzt nicht nur Geschöpfe Gottes sind, sondern unerhörterweise seine Kinder sein dürfen. Geschöpfe Gottes sind alle Menschen. Kinder Gottes sind sehr selten. Wir werden es nur durch Jesus, der uns in solcher Güte und Vergebung aufnimmt und in diese neue Lebensbeziehung zu Gott stellt. Von uns aus sind wir in keiner Weise dazu tüchtig. Daß wir in diesen Stand als Kinder Gottes gestellt werden, verdanken wir nur dem einen, den Gott uns zum Retter gab. Ihm und seiner vollbrachten Erlösung auf Golgatha danken wir unser Erbteil bei den Heiligen im Licht. Darum faßt sich aller Dank an den Vater in dem einen Punkt zusammen, daß wir ihm mit Freuden für dieses Geschenk Dank sagen, das er uns mit Jesus Christus gemacht hat.

Es ist eine völlige Veränderung der Lebenssituation, wenn Gott uns mit ihm zusammenbrachte. Wer bei Jesus ist, ist aus dem Herrschaftsbereich der dunklen, finsteren Mächte herausgenommen und in den neuen Herrschaftsbereich gestellt worden, in dem allein Jesus und seine Macht regiert. Was sind wir doch geborgene Leute! Nichts und niemand wird uns aus seiner Hand reißen. Er ist stärker als alles. Er ist der Sieger von Golgatha. Wo seine Herrschermacht waltet, darf keine andere Kraft in unser Leben eindringen. Er wacht über allen seinen Kindern, die zu seinem Herrschaftsbereich gehören.

In der Offenbarung des Johannes sagt der erhöhte Herr, daß er alle seine Kinder versiegelt hat. Das Siegel zeigt den Besitzer an. Alle, die Jesus in seine Gemeinschaft aufnahm, gehören nur ihm. Er verfügt über sie und läßt sie durch keine dunklen Gewalten antasten. Es ist eine völlige Veränderung des Lebensstandes. Wir sind in uns vielfältig die alten und tragen gar manche Wesenszüge mit uns herum, die unserem neuen Herrn noch nicht entsprechen. Dennoch ist die ganze Lage des Lebens verändert, weil dieser unzulängliche, mit viel Schmerzlichem durchsetzte Mensch durch Gottes Tat in den Herrschaftsbereich des Herrn Jesu versetzt worden ist. Das ist die Freude und Kraft unseres Lebens.

Diese große Veränderung des Lebens erfüllt uns mit tiefem Dank gegen Gott. Nichts bekommt uns so gut, als wenn dieser Dank uns ausfüllt und immer neu zum Ausdruck kommt. Die dankbaren Kinder Gottes entwickeln sich am schönsten. In ihnen entfaltet sich das neue Leben am stärksten. Gott hat seine besondere Freude daran, wenn seine unzulänglichen Kinder ihm so von ganzem Herzen danken, daß er sie über all ihre Unzulänglichkeit hinweg in diese große Gemeinschaft mit Jesus gestellt hat. „Wer Dank opfert, der preiset mich und das ist der Weg, daß ich ihm zeige das Heil Gottes" (Psalm 50, 23.)

Dieser tiefe Dank gegen Gott und das dankbare Herz gegen unseren Herrn ist die schönste Entfaltung des neuen Lebens, das er uns gab. Solche Dankbarkeit stärkt die innige und tiefe Verbindung mit unserem Herrn. Aus solcher Dankbarkeit kann viel neue, weitere Entfaltung seines Lebens in uns erwachsen.

3. Kapitel

Christus — die einzige Grundlage unseres Heils

Kol. 1, 14–23

Die Wirklichkeit und Einzigartigkeit der durch Christus vollbrachten Erlösung

Kol. 1, 14: „In ihm haben wir die Erlösung, die Vergebung der Sünden."

Es war das Anliegen des Paulus in den vorhergehenden Abschnitten, uns zum Bewußtsein zu bringen, daß das neue Leben wirklich gelebt werden will und sich niemals in einem frommen Gedankengebilde erschöpfen kann. Er wollte sich gegen dieses Mißverständnis sichern, ehe er seine grundsätzlichen Ausführungen über das Evangelium von Jesus Christus in Angriff nahm. In vier großen Linien hat er uns wesentliche Züge des neuen Lebens entfaltet. Nun spricht er mit einem einzigen Satz aus, warum Christus uns das ganze Heil zu sein vermag: „*In ihm* haben wir *die* Erlösung."

„*In ihm*": Jesus Christus ist das große objektive Heil Gottes. Er ist die Wirklichkeit, in die Gott alles beschlossen hat. Er ist *das* Heil. Diese Tatsache steht in der Geschichte der Menschheit und des Reiches Gottes wie ein Felsblock, der durch nichts mehr erschüttert werden kann. Das ist Gottes Tat, daß er dieses Heil durch Christus schuf und in ihm uns gab. „Ein anderes Fundament kann niemand legen außer dem, das gelegt ist, welches ist Jesus Christus" (1. Kor. 3, 11).

Nicht in unserer Bekehrung, nicht in unserer Wiedergeburt, nicht in unserem Glauben, nicht in unserer Nachfolge, nicht in unserer Liebe zu Jesus, nicht in unserem treuen Dienst für ihn ist unser ewiges Heil begründet, sondern nur in ihm allein. Längst ehe wir geboren wurden, war Christus das Heil der Welt und, wenn wir längst nicht mehr auf der Erde existieren, wird er das Heil der Welt sein. Das Heil Gottes ist eine objektive Wirklichkeit, unabhängig von allen Schwankungen unseres Glaubens, unserer Nachfolge, unseres inneren Menschen. Es ist ein Felsengrund, der ewig steht.

Aber das Heil Gottes in Christus steht nicht jenseits von unserem Leben wie eine ferne Wirklichkeit, mit der wir nie einen persönlichen Zusammenhang bekommen, die wir immer nur aus der Ferne ehrfürchtig als die große Objektivität Gottes verehren können. In Christus ist das objektive und subjektive Heil eine Einheit. In ihm ist objektiv unser ganzes Heil. In ihm ist subjektiv unser ganzes Heil. Das läßt sich nicht auseinanderreißen.

Wir haben keinen Teil an dem objektiven Heil in Christus, wenn wir nicht subjektiv durch Glauben und Hingabe uns ihm zu eigen geben. Die ewige Wirklichkeit des Heils in Christus bleibt für uns ohne Bedeutung, wenn wir nicht ganz persönlich dem Herrn Christus verbunden werden. Das ewige Fundament, das Gott in Christus legte, kann uns persönlich nicht tragen, wenn wir nicht selbst durch Glauben und Geist in ihn eingewurzelt werden.

Aber was sind wir froh, daß das ewige Heil und Fundament der Gemeinde Gottes nicht erst durch unseren Glauben und unsere Hingabe, durch unsere Nachfolge und Liebe zu Christus zustandekommt oder zustandekommen soll, sondern daß Gott ohne unser Zutun, ohne daß irgendein Mensch daran beteiligt war, das ganze Heil in Christus schuf und in ihm den ewigen Grund unseres Heils geschenkt hat.

Darum, weil das Heil in Christus ganz Gottes Werk ist und ganz unabhängig von uns in ihm Wirklichkeit wurde, darum haben wir einen solch festen Grund, der uns tatsächlich trägt und allen Schwankungen entnommen ist. Darum kann hier das an sich selbst völlig verzagte Gewissen des Sünders zur vollen Ruhe kommen: in dem großen objektiven Heil, das Gott uns in Christus bereitet hat. Hier hören alle unsere frommen Selbstbemühungen auf. Hier kommen wir mit all unserer Schuld wirklich zur Ruhe. Hier ist ewiger Friede mit Gott. Hier finden wir das volle Heil wie der Schächer am Kreuz, der als erster es wagte, den Blick des Glaubens auf den sterbenden Herrn zu richten, der in seinem Sterben das Heil der Welt wurde.

„In ihm": das ist das ganze Evangelium. In Jesus haben wir *alles*. In ihm ist alles gegenwärtig, was Gott uns zugedacht hat. In ihm ist die ganze Gabe Gottes konzentriert.

Nicht in seinen Gedanken, die er auf Erden ausgesprochen hat, nicht in seinen gewaltigen Worten, die uns die Evangelisten aufbewahrt haben, ist das Heil und das Leben, sondern in ihm selbst. Wenn wir alle Worte Jesu auswendig lernten und alle seine Gedanken in uns aufnähmen, wären wir doch nicht im Leben und hätten das Heil Gottes nicht gefunden, das uns zu seinen Kindern macht. Das Leben und das Heil ist in ihm selbst. Wer zu ihm kommt und ihn im Glauben in sein Leben aufnimmt, der hat das Leben.

„In ihm": das kann durch keine Erkenntnisbildung noch so biblischer Art und durch keine Theologie, die sich fest auf die Schrift gründet, ersetzt werden. Wir können eine solche Schrifterkenntnis und Theologie, die sich ernsthaft bemüht, in der Schrift ihren ganzen Grund zu haben, nicht entbehren. Solche Erkenntnisarbeit ist ein Kernstück unseres Lebens. Aber wir wissen, daß sie nicht das Leben ausmacht. Das Leben ist nur in Jesus selbst. Nur wer in ihm ist, der hat das Leben.

Jesus hat gesagt: „Ich in euch und ihr in mir." Er fand keine andere Ausdrucksmöglichkeit, um die tiefe, wirkliche, enge Gemeinschaft des Geistes zu beschreiben, die er als der erhöhte Herr mit jedem Glied seiner Gemeinde haben will. Weinstock und Reben sind ihm zum Gleichnis dafür geworden. Die Rebe hat ihr ganzes Leben nur dadurch, daß sie im Weinstock ist und durch ihn das Leben bekommt. So hat jeder von uns das Leben nur dadurch, daß er durch Glauben und Geist in Jesus, dem erhöhten Herrn, ist und durch ihn laufend das Leben empfängt. Die beiden Worte *„In ihm"* sprechen das ganze Wesen unseres Christenstandes aus. Mit diesen Worten ist alles beschrieben, was zum Leben und Seligwerden notwendig ist.

„In ihm": das kann nicht ersetzt werden durch einen Gottesdienst, durch eine Bibelstunde, durch einen feinen, echten Gemeindeaufbau. Das alles möchten wir nicht missen. Das alles ist uns unentbehrlich, aber kein Ersatz für ihn selbst und das „In=ihm=sein". Alles, was wir in Gottesdienst, Bibelstunde, Gemeinschaft der Kinder Gottes und Zusammenleben der Gemeinde geschenkt bekommen, ist die große, treue Hilfe Gottes dazu, daß wir in ihm selbst eingewurzelt werden, der unser ganzes Heil ist.

Wie gut, daß es so liegt, denn es hat Zeiten unseres Lebens gegeben, in denen wir zwangsläufig von jedem Leben der Gemeinde abgeschnitten waren, in denen wir keinen Gottesdienst besuchen konnten, in denen wir mutterseelenallein waren. Aber von Jesus waren wir nie abgeschnitten. In ihm konnten wir immer sein. Er war immer unser Zuhause. In ihm haben wir die von Gott gegebene Quelle des neuen Lebens.

Wie leicht können in jedem Menschenleben Zeiten auftreten, die ihn von allem abschneiden, was ihm lieb und wert ist. In welche Lebensschicksale können wir durch politische Ereignisse und Weltumwälzungen gestellt werden. Wenn wir von allen Kindern Gottes so abgeschnitten würden, daß wir weit und breit keinen Bruder und keine Schwester mehr zu erreichen vermöchten, von Jesus werden wir nie abgeschnitten. Keine noch so dicke Mauer und kein noch so starker Stacheldraht können verhindern, daß wir in ihm sind.

„In ihm": das heißt nicht, in irgendeiner heiligen Handlung ist das Leben. Das Leben ist nur in der Person des gegenwärtigen, erhöhten Herrn der Gemeinde. Mit welch einer Freude geben wir in der Taufe einen Menschen in die Hand dieses Herrn. Aber wir wissen, daß keine Taufe, welcher Art und Prägung sie auch sei, das Leben in sich selbst hat. Das Heil ist nur in Jesus Christus. Darum geben wird durch die Taufe ein Menschenkind in seine Hand, damit er selbst ihm das Leben werde.

Es sind uns große Stunden, wenn wir das Abendmahl feiern und unseren Herrn bitten dürfen, daß er in unserer Mitte ist und wir mit ihm im Geist und der Wahrheit feiern können. Es ist ein großer Verlust, wenn das Abendmahl im Leben der Gemeinde des Herrn zu kurz kommt. Am liebsten würde ich es jeden Sonntag, ja jeden Tag feiern.

Diese Lob= und Dankfeier der Erlösten des Herrn, dieses Brudermahl seiner Gemeinde, dieses Mahl, das die Lahmen und Blinden von den Hecken und Zäunen ruft, ist etwas ganz Wunderbares — wirklich eine Gabe Gottes. Aber nie hat das Abendmahl in sich selbst den Frieden und die Vergebung Gottes, das Leben und die Kräfte der Ewigkeit. Friede und Vergebung, Kraft und Leben haben wir nur in ihm, der der Herr des Abendmahls ist. Jesus Christus bleibt auch für das Abendmahl der Entscheidende, der eine, in dem alles be=schlossen ist, was an Gaben Gottes durch das Abendmahl zu uns kommen will.

Darum war es auch möglich, hinter dem Stacheldraht in völliger Einsamkeit mit ihm diese große tragende Gemein=schaft zu haben, die er Offenbarung 3, 20 das „Abendmahl im Geist und in der Wahrheit" nennt. Dieses Abendmahl im Geist und in der Wahrheit ist das Herzstück jeder Abend=mahlsfeier. Wie gut, daß keine heilige Handlung uns das Leben bringt, sondern nur er selbst. Von heiligen Handlun=gen können wir abgeschnitten werden; von ihm nie.

„In ihm": das ist und bleibt das große objektive, ewig gültige Heil Gottes, in das wir persönlich durch die Glau=benshingabe an Christus eingewurzelt werden. So bedeu=tungsvoll und unentbehrlich unsere Glaubenshingabe an un=seren Herrn ist, so wird doch nie durch sie das Heil geschaf=fen. Es wurde längst, ehe wir lebten, durch Christus selbst geschaffen und ist in ihm ewige Wirklichkeit.

„In ihm *haben* wir die Erlösung": wie majestätisch und machtvoll sind die beiden Worte: *„wir haben"*. Das ist Ge=genwartsform. Das ist Dauerform. Diese Worte wollen be=sagen, daß alles, was mit Jesus Christus uns gegeben ist, bleibende Gegenwart im Leben seiner Kinder ist. Die ganze starke, frohe Heilsgewißheit des Paulus spricht sich in dem Satz aus: „Wir haben."

So spricht kein suchender, tastender Mensch. So spricht ein Mensch, der gefunden hat, der in Jesus Christus zu Hause ist, der in ihm seinen Herrn und das Leben aus Gott fand.

Das hat ihn nicht selbstsicher, nicht pharisäisch, nicht überheblich, aber seines Heils froh und gewiß gemacht. Es gibt eine echte Heilsgewißheit. Es ist nicht wahr, daß wir immer und ewig in der Ungewißheit, im Suchen und Fragen bleiben müssen. Gott will uns zu einer Gewißheit unseres Heils helfen.

Aber diese Gewißheit liegt nicht in uns, in unseren Erfahrungen und Erlebnissen, in unserem Glauben oder unserer Nachfolge, in unserem Dienst für Jesus und unserem hingebenden Einsatz für ihn. Diese Heilsgewißheit gründet sich auch nicht im geringsten Stück auf uns. Sie gründet sich ganz auf ihn, unseren Herrn, der heute und morgen und in Ewigkeit derselbe ist.

Würde sie sich auch nur zu einem kleinen Teil auf uns gründen, so würden wir nie unseres Heils froh und gewiß, denn keiner von uns ist etwas Fertiges, etwas Ganzes, etwas Bleibendes. Wir sind alle so vielen Schwankungen unterworfen, erleben so viele schmerzliche Niederlagen, werden an uns so zuschanden. Aber Jesus Christus ist keinen Schwankungen unterworfen. Er ist immer und ewig dasselbe Fundament unseres Heils, das wir im Glauben ergreifen und auf das wir uns im nackten Glauben unser Leben lang gründen dürfen.

Das schließt nicht aus, daß Christus uns in vielfältiger Weise durch persönliche Erfahrungen, durch Freundlichkeitsbeweise, durch Gebetserhörungen, durch seine treuen Führungen stärkt und uns bezeugt, daß er an uns denkt und bei uns ist. Aber all diese Freundlichkeiten unseres Herrn sind kein Fundament unseres Heils. Fundament unseres Heils ist immer und ewig nur in ihm. Dieses Fundament ist eine Tatsache, die nie schwankt. Darum sagen wir mit großer Dankbarkeit und Gewißheit: *„Wir haben"*.

Diese Heilsgewißheit macht nie zum Pharisäer, nie zum selbstsicheren Menschen, nie zu einem, der zufrieden mit sich ist. Wie sollte der lebendige Herr und seine Seelsorge uns zum Pharisäer, zum selbstsicheren Menschen machen können, der wie ein richtiger Spießbürger mit sich zufrieden ist.

Es gibt freilich Pharisäer, und es gibt selbstsichere „fromme" Leute, die außerordentlich mit sich zufrieden sind. Aber das sind nicht die Leute der neutestamentlichen Heilsgewißheit. Diese haben ihre Gewißheit nur in Jesus und sind darum in seiner lebendigen und absolut ehrlichen Seelsorge, durch die wir in uns immer kleiner, bescheidener und demütiger werden, aber in ihm immer klarer und dankbarer das ganze Heil haben.

Was ist das für ein Gottesgeschenk, in sich nichts sein zu dürfen, aber in ihm mit ganzer Gewißheit sein Kind, das in vollem Frieden mit Gott steht. Diese Tatsache vergeht nicht wie meine persönlichen Erlebnisse und Erfahrungen, für die ich im übrigen meinem Herrn so dankbar bin. Diese Tatsache bleibt in Ewigkeit dieselbe.

„In ihm haben wir *die* Erlösung": es ist die eine Erlösung, neben der es keine zweite gibt. Das so bewußt eingesetzte kleine Wort *„die"* bringt dies eindeutig zum Ausdruck. In diesem kleinen Wort drückt sich aufs neue die ganze Gewißheit des Heils aus, in der Paulus steht und lebt. Was in Jesus gegeben ist, das ist die Erlösung, die ein für allemal gilt, die nicht zeitbedingt ist, die nirgends ihre Grenzen hat, die alles umspannt, was unser Leben an Sünde und Schuld in sich birgt.

Das ist die Erlösung, die keiner Ergänzung bedürftig und fähig ist. Es hat den Paulus so erschreckt, daß seine Brüder in Kolossä diese eine Erlösung, die in Jesus Christus Tatsache ist, durch neue religiöse Konstruktionen, durch heilige Handlungen, heilige Zeiten, heilige Bräuche, durch einen neuen, besonderen frommen Lebensstil ergänzen wollten. Er wußte, die Erlösung, die in Christus ist, kann nicht ergänzt werden. Jeder Versuch, sie ergänzen zu wollen, verkleinert sie.

Paulus wußte, daß alles, was wir hinzuzutragen versuchen, — und wenn es noch so ernst und heilig und fromm aussieht — nur Bruch ist, vielfältig durch uns befleckt. Wir haben nun einmal keinen einzigen Beitrag zu unserer Erlösung. Gott sei Dank haben wir keine Möglichkeit dazu. Das Geringste, das wir beitragen sollten, würde das Ganze in Frage stellen. Wie atmet der auf, der sich vor Gott unendlich schuldig weiß, daß er in Jesus die eine Erlösung hat, die total ist und durch nichts ergänzt werden kann und soll.

„Die Vergebung der Sünden": die Erlösung, die Christus am Kreuz schuf, hat einen großen Zentralinhalt: die Vergebung der Sünden. Die Religionen der Menschen suchen Erlösung von vielem. Wie mannigfaltig ist die Erlösungssehnsucht der religiösen Menschen aller Völker und Zeiten. Aber der Schaden sitzt nicht an vielen Stellen, sondern nur an einer einzigen: in unserer Sünde, die uns für immer von Gott scheidet.

Unsere Sünde besteht nicht nur aus den tausend Gedanken und Taten, die sich vor Gott nicht sehen lassen können. Ihre Zahl ist Legion. Was häuft ein einziges Lebensjahr einen Berg von Schuld vor Gott auf. In wie vielen Augenblicken haben wir versagt und sind wir schuldig geworden. Ein einziges Lebensjahr würde genügen, um uns ewig von Gott zu trennen. Unheimlich die Schuld, die ein ganzes Leben auftürmt.

Und doch haben wir noch nicht in der Tiefe erfaßt, was Sünde ist, wenn wir diese einzelnen Augenblicke unseres Lebens ins Auge fassen, in denen wir versagt haben. Der Schaden sitzt noch viel tiefer: in der Loslösung einer Menschheit von Gott, die trotz aller frommen Worte bei uns allen Tatsache ist. Für keinen von uns ist der lebendige Gott wirklich der Herr unseres Lebens. Am ersten Gebot sind wir alle schuldig geworden: „Ich bin der Herr, dein Gott; du sollst keine anderen Götter neben mir haben."

Wir haben alle tausend andere Götter neben dem einen lebendigen Gott. Wie viele Menschen, wie viele Verhältnisse, wie viele Einflüsse dürfen uns neben Gott bestimmen. Wieviel Angst hat eine ungeheure Macht über uns. Und nicht zuletzt sind wir es ganz persönlich, die wir unser eigener Herr und unser eigener Gott sind – trotz aller frommen Vokabeln.

Es ist eine Geschichte von Jahrtausenden, an der Generation auf Generation mitgewirkt hat, die sich in diesem unheimlichen Tatbestand widerspiegelt. Wir ahnen nur von ferne, was für dämonische, dunkle, übermenschliche Gewalten hieran beteiligt sind. Das Wort „Sünde" beschreibt einen schweren Tatbestand und eine furchtbare Lebensmacht, der wir alle verfallen sind.

Es ist darum kein billiges Wort und kein Kinderspiel, wenn dieser Gesamttatbestand unserer Sünde gelöscht und vergeben wird. Solch einen Tatbestand und solch eine unheimliche Macht kann kein billiges Wort überwinden, sondern nur einer, der der Stärkere ist und dem alle Gewalt im Himmel und auf Erden gegeben ist.

Es ist schon tief schmerzlich, daß das Wort „Vergebung der Sünden" bei uns so verflacht, so abgegriffen und verblaßt ist. Weil unser Vergeben untereinander etwas so Schwächliches ist, erscheint uns dieses Vergeben unseres Herrn auch nur als ein billiges Wort. Wenn das Wort von der Vergebung der Sünden nur ein billiges Wort ist, ist es überhaupt nichts.

Wo es wirklich etwas bedeutet, da ist es eine Machttat Gottes, die unseren ganzen Lebensstand verändert und die ganze dunkle Geschichte unseres Lebens von uns ablöst. Niemand ist imstande, seine Vergangenheit zu löschen. Sie folgt uns als der dunkle Schatten unseres Lebens, bis daß wir vor Gott stehen und es zu spät ist. Es ist eine Machttat sondergleichen, wenn Jesus die Vergangenheit unseres Lebens von uns ablöst und uns blank und frei in die neue Gemeinschaft mit Gott als seine Kinder stellt.

Daß wir in Christus diese eine, große, starke Vergebung der Sünden haben, das macht uns so froh. Darum sagt Luther: „Wo Vergebung der Sünden ist, da ist Leben und Seligkeit." Das ist ein Aufatmen und ein Aufjauchzen, eine tiefe Freude und heilige Anbetung, die keine Parallele hat.

Was sind wir dankbar, daß die Erlösung, die in Jesus Christus ist, den tiefsten Schaden der Welt und unseres Lebens ins Auge gefaßt hat und darum uns das eine gibt, das das radikale Heilmittel für alles ist: die Vergebung der Sünden. In Jesus Christus ist sie Wirklichkeit und Gegenwart — das ewige Fundament unseres Heils.

Paulus hat auch hier das kleine Wort *„die"* hinzugefügt, um uns zum Bewußtsein zu bringen, daß es die eine, totale und ganze Vergebung ist — die Vergebung, die nicht durch das Wort eines Priesters, durch eine heilige Handlung, durch einen besonders frommen Lebensstil, durch eine bestimmte Art von Reue und Buße ergänzt werden muß. Die Vergebung, die in Jesus ist, ist die eine, die alles umspannt und mit der die Gesamtschuld unseres Lebens gelöscht ist. Und das nicht, weil wir irgendwie dessen wert wären, sondern allein um seinetwillen, als eine freie Gabe, als ein Geschenk an den, der nichts hat und nichts kann, der aber in dem schlichten Vertrauen des Schächers am Kreuz seinen Blick im Glauben auf Jesus richtet als den einen, in dem die totale Vergebung Gottes Wirklichkeit geworden ist.

Was wir aus unserer Lebensgeschichte auch mitschleppen, die tausend kleinen schmerzlichen Dinge und die unendlich große und schwere Schuld — alles ist in diese eine Vergebung eingeschlossen. Es ist keine Schuld zu groß und keine Schuld zu klein, als daß nicht die Vergebung der Sünden, die in Jesus, unserem Herrn, ist, sie aufs völligste gelöscht hätte.

Darum können wir von ihm nicht mehr los. Darum sind wir an ihn gebunden für Zeit und Ewigkeit. Darum gehört ihm unsere ganze Liebe. Darum möchten wir mit allem, was wir sind, in seinem Dienst stehen, weil wir ihm allein die Vergebung unserer Sünden und damit das ganze Heil verdanken. Unser Leben ist damit verwirkt. Es gehört aus Dankbarkeit nur ihm, obwohl wir wissen, daß auch die tiefste Hingabe an unseren Herrn und die treueste Nachfolge nur ein kümmerlicher, unzureichender Ausdruck unseres Dankes ist.

Die Stellung des Christus im Kosmos

Kol. 1, 15 a: „Er ist die Vergegenwärtigung des unsichtbaren Gottes."

Christus ist nicht nur das Bild Gottes wie eine Photographie. Er ist nicht nur das Ebenbild Gottes, das ihn widerspiegelt. Er ist die Vergegenwärtigung des unsichtbaren Gottes selbst. Wo Jesus Christus ist, da wird durch ihn der unsichtbare, ewige Gott gegenwärtig.

Niemand hat Gott je gesehen. Darum ist Jesus Christus gekommen, damit wir durch ihn den unsichtbaren Gott kennenlernen, wie er ist. Jesus spricht: „Wer mich sieht, der sieht den Vater."

Nun wissen wir, wie Gott uns gegenüber empfindet, denkt und handelt. Nun wissen wir, daß er nicht ein Ungeheuer ist, das uns zermalmen möchte, wie die Katastrophen der Welt vermuten lassen könnten. Nun wissen wir, daß er uns mit einer unendlichen Liebe sucht und wirklich unser Vater sein will. Wer Jesus kennenlernt und ihm ins Herz schaut, hat damit einen tiefen, vollen Einblick in das Wesen Gottes getan. Jesus ist in seiner Person die Vergegenwärtigung des unsichtbaren Gottes.

Er war dies nicht nur einst, als er leibhaftig unter uns auf Erden war. Er ist und bleibt es in alle Ewigkeit, seit er der lebendige Herr ist, der Geist ist wie Gott. Er ist nicht ferne von uns. Er ist mitten in seiner Gemeinde. Er ist dort, wo ein Mensch ihn nötig hat, nach ihm sich sehnt, mit ihm Gemeinschaft sucht. Er ist bei uns alle Tage. Wo aber Jesus ist, da ist in ihm der lebendige, ewige Gott gegenwärtig.

Es ist eine unerhörte Tatsache, daß in unserem Leben, das eigentlich tausendfältig von Gott geschieden ist, durch Jesus der lebendige Gott gegenwärtig sein will. Jedesmal, wenn wir in stillen Stunden Gemeinschaft mit unserem Herrn haben, ist die ganze Gegenwart Gottes durch ihn da. Jedesmal, wenn seine Gemeinde um ihn zusammenkommt, ist durch Jesus die Vergegenwärtigung des ewigen Gottes Wirklichkeit.

Jesus übermittelt uns nicht nur Gedanken von Gott und über Gott. In ihm ist Gott selbst und das ganze Leben Gottes gegenwärtig. Das ist etwas ganz anderes als eine Weltanschauung und Religion. Das ist wirklich Leben und volle Genüge.

Mit Jesus Christus hat Gott der Welt ein einzigartiges Geschenk gemacht. Er ist kein Philosoph. Er ist kein Prophet. Er ist kein Religionsstifter. Er ist die Vergegenwärtigung Gottes selbst, in dem die ganze Liebe und das ganze Leben Gottes zu uns kommt — einst, heute und in alle Ewigkeit.

> Kol. 1, 15b–17: „Der Erstgeborene der ganzen Schöpfung, denn im Zusammenhang mit ihm wurde alles im Himmel und auf Erden geschaffen, das Unsichtbare und das Sichtbare, es seien Throne oder Herrschaften oder Mächte oder Gewalten; alles ist durch ihn und auf ihn hin erschaffen. Und er selbst ist vor allem, und alles hat seinen Lebensbestand in ihm."

Mit diesen Aussagen über Christus werden wir an die Grenze unseres Denkens und Vorstellungsvermögens geführt. Diese Grenze dürfen wir nicht überschreiten. Es bedarf einer festen Zucht, daß wir nicht in Spekulationen und Phantasien geraten, sondern fest auf dem Boden der Schrift bleiben.

Was hier ausgesprochen wird, ist eindeutig klar: Jesus Christus ist der Erste in der ganzen Schöpfung, in dem gesamten Kosmos. Er ist der Mittelpunkt der Welt, der Brennpunkt der Pläne Gottes, der eine, durch den Gott handelt.

Darum ist auch die Furcht der Christen in Kolossä vor den unsichtbaren dämonischen Geistesmächten, die hier als Throne, Herrschaften, Mächte und Gewalten bezeichnet werden, unbegründet. Durch besondere heilige Handlungen wollten sie sich gegen diese unheimlichen Mächte schützen. Die Gemeinschaft mit Jesus Christus schien ihnen nicht ausreichend. Wenn aber Jesus Christus der ist, durch den die ganze Welt ihr Leben und ihre Existenz hat, dann ist alles in der Welt ihm untertan und von ihm abhängig. Dann sind wir in seiner Hand immer und überall vor allen unheimlichen Mächten und Kräften geborgen. Dann gibt es keine menschlichen und übermenschlichen Kräfte, die stärker sind als er. Sie sind alle von ihm abhängig. Sind wir bei ihm, so sind wir in jeder Beziehung aufs völligste geborgen.

„Alles ist durch ihn und zu ihm hin geschaffen": so ist er in der Tat der Ausgangspunkt und der Zielpunkt aller Pläne Gottes. Die ganzen Gedanken, die Gott mit der Schöpfung hat, nehmen bei Christus ihren Ausgang und führen zu ihm hin. Ihr Endpunkt ist die neue Menschheit unter Christus als dem lebendigen Haupt.

Dabei ist es eine schmerzliche und rätselvolle Tatsache, die wir nicht enträtseln können, daß es sowohl den Menschen wie den übermenschlichen Geistesmächten von Gott erlaubt wird, sich gegen ihn zu entscheiden und der Herrschaft des Christus zu entziehen.

Hier ist für unser Erkennen eine Grenze gesetzt. Diese Grenze teilen wir mit allen Nichtchristen. Es ist nach unserem ganzen Anschauungsvermögen nicht anders möglich, als daß jeder Mensch nur *einen* Anfang der Welt denken kann, aus dem alles hervorgegangen ist, einerlei, ob er an Gott glaubt oder nicht. Alles in der Welt kann immer nur *einen* Anfang haben. Darum bleibt es für jeden Menschen, einerlei, welche Weltanschauung er hat, eine absolut dunkle Frage, wie aus diesem einen Anfang zwei entgegengesetzte Lebensströme hervorgehen konnten: ein guter und ein schlechter. Und doch ist es unverkennbar, daß diese beiden Lebensströme die ganze Welt durchziehen.

Dieses Welträtsel zu lösen, bleibt dem Menschen versagt. Sein Denkapparat ist dafür nicht eingerichtet, die letzten Welträtsel zu durchschauen — eine schmerzliche, aber unabänderliche Tatsache. Es bleibt darum ein geheimnisvoller Tatbestand, daß es sowohl uns Menschen wie auch überweltlichen Geistesmächten erlaubt ist, sich der Herrschaft des Christus zu entziehen, obwohl er der Erste in der Schöpfung ist, der Herr, dem alle Gewalt im Himmel und auf Erden gegeben ist, der eine, durch den Gott handelt.

Aber *ein* tiefer Unterschied ist zwischen einem Menschen, der in Jesus Christus seine Heimat hat, und einem Menschen, der fern von ihm ist: ein Mensch in Christus ist geborgen gegenüber all den dunklen, unsichtbaren Mächten, die unser Leben bedrohen können; ein Mensch ohne Christus ist ihnen blank ausgeliefert, auch wenn er es nicht weiß.

Christus ist vor allem, und alles hat seine Existenz nur in ihm, sagt Paulus. Das gilt für die, die ihm untertan sind, und das gilt für die, die rätselhafterweise sich ihm entziehen können, seien es menschliche oder übermenschliche Gewalten.

Es ist ein unerhörtes Vorrecht, Jesus Christus kennenzulernen und sein Leben mit ihm verbinden zu dürfen. Wer in der Hand Jesu ist, ist in der Hand des einen, in dem der lebendige Gott gegenwärtig ist und der darum den ersten Platz in der ganzen Schöpfung einnimmt.

Die Stellung des Christus in der Gemeinde

Kol. 1, 18 a: „*Er* (Christus) persönlich ist das Haupt des Leibes, der Gemeinde."

Das ist das Erstaunliche, daß der eine, der der Erste in der ganzen Schöpfung ist, der über allen Mächten und Kräften der Welt steht, in seiner Person zugleich das Haupt der Gemeinde ist — dieser Gemeinde, die so gar nichts Imponierendes hat, mit der man keinen Staat machen kann, die aus Menschen besteht, denen soviel gebricht, weil sie eben wirkliche Menschen sind. Das geht gegen alle normalen Maßstäbe und Vorstellungen.

Jeder Weltherrscher sucht sich die Elite aus, die Besten, die Brauchbarsten, die Begabtesten und Stärksten, um mit ihnen wirklich etwas leisten zu können. Christus tut gerade das Gegenteil: er sucht sich die, die nichts sind, denen viel gebricht, die vielfältig versagen.

Die gesamte Menschheit ist eine außerordentlich kümmerliche, brüchige Gesellschaft. Aber normalerweise sucht man sich wenigstens noch die verhältnismäßig Besten und Stärksten aus. Das tut jeder wirtschaftliche Betrieb. Das tut jeder Staat. Das tun im Grunde wir alle. Es ist erstaunlich, daß Christus es wagt, von diesem Grundsatz abzuweichen und ganz bewußt die Schwachen, die Armen, die Krüppel zu seiner Gemeinde hinzuzutun. Er trägt sie nicht nur mit Geduld, sondern sucht sie mit großer Liebe.

Gut, daß es so ist, daß die Gemeinde Jesu wirklich ein Krüppelheim ist, wie der alte Professor Schlatter in Tübingen einst gesagt hat. Wenn es nicht so wäre, käme kein Mensch für die Gemeinde des Christus in Frage, denn von Gott aus gesehen, nach seinen letzten Maßstäben ist die gesamte Menschheit bis in ihre sogenannte Elite hinein nichts anderes als ein großes Krüppelheim.

Darüber können alle großen Worte, die Staatsmänner, Philosophen, Dichter und andere Leute finden, nicht hinwegtäuschen. Es gibt keinen Menschen, bei dem es anders liegt.

Auch der bedeutendste, wertvollste und leistungsfähigste Mensch stellt diese Tatsache immer neu unter Beweis. Es gibt keinen Menschen, der nicht vielfältig enttäuscht.

Darum ist es unsere Rettung, daß Jesus Christus, der verborgene Herr der Welt, der Erste in der Schöpfung, es nicht verschmäht, solche Menschen in seine Gemeinde aufzunehmen und mit ihnen in innigste Gemeinschaft zu treten. Es ist wirklich etwas Großes, daß er, der diese einzigartige Stellung zur Rechten Gottes hat und die großen Weltenpläne Gottes durchführt, sich so tief zu uns beugt und diesen, die ihm soviel Not und Schwierigkeiten machen, sogar seine ganze Liebe entgegenbringt. Matth. 11, 25 hat Jesus gesagt: „Ich preise dich, Vater und Herr Himmels und der Erde, daß du solches den Weisen und Klugen verborgen hast und hast es den Unmündigen offenbart."

1. Kor. 1, 26 hat Paulus die Christusgemeinde so charakterisiert: „Nicht viel Weise nach dem Fleisch, nicht viel Gewaltige, nicht viel Edle sind berufen, sondern was töricht ist vor der Welt, das hat Gott erwählt." Mit vollem Bewußtsein kam Jesus, zu suchen und zu retten, was verloren ist.

Weil das im Grunde die wirkliche Lage von uns allen ist, darum hat er seine ewige Heimat bei Gott verlassen, um unser Bruder zu werden, durch den wir die Heimat bei Gott wiedergewinnen. Das ist der einzige Grund, weshalb er den Weg ans Kreuz gegangen ist und jene bitterschwere Tat auf Golgatha vollbrachte, deren Schwere und Größe wir alle erst in der Ewigkeit voll verstehen werden. Er wußte, daß die gesamte Menschheit eine verlorene Gesellschaft ist, ein Krüppelheim.

In ihm allein ist nun dadurch der Weg ins Leben bereitet, daß er persönlich das Haupt der neuen Gemeinde Gottes wurde. Das nötigt uns zur tiefsten Anbetung, daß der eine, der allein heilig ist und der diese unendliche Vollmacht über die Welt von Gott erhalten hat, sich nicht schämt, der Bruder von versuchlichen und vielfach gefallenen Menschen zu werden.

Mit großem Nachdruck schreibt Paulus: „Und *er selbst* ist das Haupt der Gemeinde." Die Gemeinde wird nicht Wirklichkeit durch eine gemeinsame Idee, durch die Zustimmung zu den Gedanken Jesu, durch eine gemeinsame religiöse Form, durch gemeinsame heilige Handlungen, sondern allein dadurch, daß alle ihre Glieder mit Christus persönlich als dem

Haupt der Gemeinde in eine tatsächliche und unmittelbare Verbindung durch den Geist Gottes gestellt werden. Er persönlich, Christus selbst, ist die Lebensbasis seiner Gemeinde, ihr echter Lebensgrund.

Dann freilich braucht die Gemeinde nicht mehr Anleihen irgendwelcher Art bei den Systemen menschlicher Religion zu machen, sondern hat in Jesus Christus das absolute, lebendige Fundament, das sie trägt und erhält. Sie hat den zum Haupt, der der Herr der Welt, der Erste im Kosmos ist, dem alle Kräfte untertan sind. Es wäre widersinnig, wollte sie versuchen, noch an anderen Stellen Grundlagen für ihr Leben zu gewinnen, wo sie doch mit dem einen verbunden ist, der nach Gottes Plan der Brennpunkt seiner Gedanken und Vollstrecker seiner Pläne ist.

Als Gott den Herrn Christus am Tag der Himmelfahrt zu seiner Rechten erhöhte und zum Herrn der Welt machte, hat er ihm die ganze Fülle des Lebens aus Gott übergeben, so daß ihm nichts gebricht, was er braucht, um vollmächtig als das Haupt seiner Gemeinde und ihr Erlöser zu handeln. Diese Fülle des Lebens aus Gott ist Christus anvertraut durch den Geist. Der Geist Gottes ist nicht eine Vorstellung, eine Idee, eine Gedankenkraft wie unser Geist, sondern eine Wirklichkeit, eine Lebensmacht, die jedes Glied der Gemeinde Jesu umschließt, trägt und durchdringt. Durch diese Lebensmacht des Geistes, die wir gedanklich nicht zu durchschauen und zu enträtseln vermögen, stehen wir mit dem Haupt der Gemeinde, mit Christus, in einer unmittelbaren, tatsächlichen Verbundenheit.

Diese Verbundenheit beruht nicht auf unseren Eigenschaften, auf unseren Glaubenskräften, auf unserer Hingabe, erst recht nicht auf irgendwelchen Gefühlen und Stimmungen, sondern ganz allein und grundlegend auf der Wirklichkeit des Geistes Gottes, durch den Christus mit den Gliedern seiner Gemeinde in Verbindung tritt und bleibt. Was ist das eine Befreiung von aller Selbsterlösung! Wie hört da die fromme Quälerei auf, die sich in die Gemeinschaft mit ihm und mit Gott hineinsteigern will. Wie ist es da zu Ende mit der zermürbenden Selbstbeobachtung, die sich ständig fragt, ob es von uns aus zureicht, ob wir auch die Kräfte haben, um ihm treu zu bleiben und die Gemeinschaft mit ihm bis ans Ende zu halten.

Es reicht von uns aus niemals zu. Es sind in uns niemals

die Kräfte, die nötig sind, um die Gemeinschaft mit Gott und mit Christus durch alle Krisen unseres Lebens und alle schweren Belastungsproben hindurch zu halten. Gott sei Dank, daß bei Christus echte Erlösung ist, daß *er* sich seine Gemeinde schuf, daß *er* sie bei sich erhält, daß *er* sie vollendet.

Das alles vermag er nur deshalb, weil wir in ihm den Herrn haben, der der Geist ist (2. Kor. 3, 17). Darum lebt in ihm die ganze Lebensfülle. Darum kann er als der verborgene Herr der Welt handeln und seine Gemeinde durchtragen und stärken. Darum wird er mit dieser Krüppelgesellschaft so ans Ziel kommen, daß sie nicht nur dem Namen nach, sondern auch dem Wesen nach eine Gemeinde Gottes ist, in der alles vom Geist Gottes regiert und durchdrungen wird.

Auf dieser Wirklichkeit des Geistes Gottes, über den Christus für die Gemeinde verfügt, beruht die Tatsache, daß die Gemeinde ein so lebendiger Organismus ist, daß man sie als den Leib des Christus bezeichnen kann. Unser Leib hat dadurch seine Existenz und all sein Leben, daß er mit unserem Haupt in Verbindung steht und von ihm aus seine Befehle und Impulse erhält. So ist es auch zwischen Christus und seiner Gemeinde und all ihren Gliedern. Es gibt kaum ein treffenderes Bild für das Wesen der Gemeinde Jesu als dieses Bild, daß sie sein Leib und er ihr Haupt ist. Es ist ein nicht zu fassendes Vorrecht, in dieser Gemeinde sein zu dürfen. Sie erstreckt sich durch alle Völker. Zu ihr gehört jeder, der sich Christus im Glauben zu eigen gab und von ihm mit seiner unendlichen Vergebung aufgenommen wurde.

Obwohl diese Gemeinde Jesu ganz real auf der Erde lebt, ist sie doch mit keinem menschlichen Gebilde gleichzusetzen, das wir Gemeinde nennen — und wenn diese Gemeinde sich noch so sehr bemühte, die Wesenslinien der neutestamentlichen Gemeinde in sich zu verkörpern. Aber es gibt kein neutestamentliches Schema der Gemeinde, das wir nur zu kopieren hätten. Es gibt keinen biblischen Grundriß dessen, was Gemeinde ist, den wir nur durchzuführen hätten. Wie oft hat man das irrtümlich versucht und ist immer gescheitert. Die Gemeinde Jesu hat keine äußeren, festgelegten Merkmale. Sie hat ihr Wesen nur in der einen Tatsache, daß sie mit Jesus Christus als ihrem Haupt verbunden ist. Alles andere ist beiläufig. Nur die Gemeinschaft mit dem Haupt und nur sie allein macht zum Glied der Christusgemeinde.

Obwohl wir von vielen, vielen Menschen mit großer Freude

und Dankbarkeit wahrnehmen und wissen, daß sie in dieser Beziehung zu dem Haupt der Gemeinde stehen und seine Glieder sind, so hat doch das letzte Wort über uns alle nur unser Herr. Ihm allein gebührt der Name „Herzenskündiger". Er allein durchschaut uns bis auf den Grund. Er allein weiß mit absoluter Klarheit, wer in allen Völkern und Kirchen Glied an ihm, dem Haupt, ist und damit tatsächlich und lebensmäßig zu seiner Gemeinde gehört.

Bei aller dankbaren Freude an der Bruderschaft mit allen Kindern Gottes wissen wir, daß das letzte Wort allein der Herr der Gemeinde hat. Das verkürzt die Freude an unseren Brüdern und Schwestern nicht im geringsten. Die Freude, zur Gemeinde des Christus zu gehören und in einer solchen Bruderschaft zu leben, gehört zum Lebenselement der Gemeinde von den ersten Tagen an.

Die Freude daran kann auch dadurch nicht unterbunden werden, daß wir nie auf Erden in der Lage sind, die „reine", die „biblische" Gemeinde zu gestalten. Wir werden es nicht verhindern können, daß sich auf Erden Menschen unter die Gemeinde des Herrn Christus mischen, die nur in menschlicher Frömmigkeit machen, aber nicht Christus als dem Haupt verbunden sind. Es gibt soviel eigentümliche Grenzfälle, die wir nicht zu durchschauen vermögen. Dennoch bleibt die ganze, große Freude darüber, daß Gott uns in die Gemeinde des Herrn Christus eingegliedert hat und wir in ihr solch echte Heimat haben dürfen.

Wenn es der Gemeinde Jesu irgendwo in einem Ort oder Land an rechtem Leben gebricht, kann man diesen Schaden nie durch zweitrangige Mittel, durch menschliche Methoden, durch geschicktere Organisation überwinden. Wir würden einen menschlichen religiösen Club bekommen, der vielleicht intensiv lebte und arbeitete, aber nicht Gemeinde Jesu wäre.

Der Schaden liegt immer an der tiefsten Stelle, an der Lebensbeziehung zum Haupt. Wenn das Haupt der Gemeinde freien Zugang und volles Verfügungsrecht über die Glieder hat, ist alles gut. Wenn unsere Offenheit für Christus beschädigt ist, ist alles beschädigt. Unser persönliches Leben und das Leben seiner Gemeinde hängt immer an dem einen, daß er durch seinen Geist in unserem Gewissen über uns verfügen kann und der bestimmende Lebensfaktor für unseren Alltag und die Beziehung zu den anderen Menschen ist.

Das hebt unseren Hirtendienst in der Gemeinde Jesu nicht

auf. Es ist nun einmal die Art unseres Herrn, durch die Glieder seiner Gemeinde zu handeln, um andere in seine Gemeinschaft zu rufen und in seiner Gemeinschaft zu bewahren. Darum bleibt es die Aufgabe der Glieder seiner Gemeinde, ihr brüderliches Leben miteinander recht zu gestalten und alle Hemmungen dafür aus dem Wege zu räumen. Die Tatsache, daß von dem Haupt alles Leben ausgeht, hebt unsere Verpflichtung nicht auf, mit großer Sorgfalt diesem seinem Leben Bahn zu machen und so mit unseren Brüdern und Schwestern zusammenzuleben, daß wir wirklich ein Leib mit ihnen sind, ein lebendiger Organismus, in dem ein Glied für das andere sorgt und an das andere denkt.

Der Leib des Christus, seine Gemeinde, ist nicht unser Werk, sondern sein Werk, in das er uns aus lauter Vergebung eingliedert. Wir schaffen die Christusgemeinde nicht, sondern finden sie vor. Wir schaffen auch ihre Einheit nicht, die in dem Bild vom Leib so plastisch ausgesprochen ist. Aber wir können an ihr tausendfältig schuldig werden — so schuldig, daß unser eigenes Leben mit Christus darüber verkümmert oder gar zugrunde geht.

Einzelgänger gibt es in der Gemeinde Jesu nicht. Keiner kann isoliert leben. Glied der Gemeinde Jesu kann nur der sein, der in einem echten Zusammenhang mit den anderen Gliedern der Gemeinde des Herrn Christus lebt.

Es kann sich auch nicht ein Stück seiner Gemeinde selbständig machen und von den übrigen Teilen der Gemeinde Jesu isolieren. Alle Teile der Gemeinde Jesu gehören aufs engste als ein Leib zusammen. Jede noch so leise Isolierung bringt tiefsten Schaden und schwere Schuld, weil sie gegen die Lebensgesetze der Gemeinde verstößt, die ein Leib unter dem einen Haupt ist.

> Kol. 1, 18 b: **„Er ist der Anfang, der Erstgeborene aus den Toten, damit er in seiner Person in allen Stücken der Erste sei."**

Mit Christus hat die Gemeinde ihren Anfang genommen, als er am Ostermorgen in das neue, höhere Leben von Gott gestellt wurde. Er in seiner Person ist der lebendige Anfang seiner Gemeinde. Er ist der Erstgeborene aus den Toten. Mit dem auferstandenen, erhöhten Herrn ist das Leben Gottes in die Welt gekommen, das die neue Gemeinde Gottes begründet.

Ostern, Himmelfahrt und Pfingsten sind ein lebendiges, einheitliches Handeln Gottes, durch das Christus der lebendige Eckstein seiner Gemeinde wurde. Dadurch, daß er durch Gott diese Stellung bekam, wurde die Lebensbegründung seiner Gemeinde ermöglicht. Wir wissen alle, wie er von diesem seinem Leben und seiner Vollmacht zum ersten Mal Gebrauch machte und zu Pfingsten als der lebendige Herr dreitausend Menschen mit sich durch den Geist verbunden hat, so daß sie seine erste Gemeinde wurden.

Die ersten Christen haben Jesus Christus den „Fürsten des Lebens" genannt, um auszudrücken, mit welch königlicher Vollmacht er seit Ostern, Himmelfahrt und Pfingsten über das Leben Gottes für seine Gemeinde verfügt.

Weil er der Fürst des Lebens ist, ist er der königliche Herr seiner Gemeinde und nimmt in jeder Hinsicht den ersten Platz ein. Darum hat er in allen Stücken in seiner Gemeinde den Vorrang. Darum gibt es niemand in seiner Gemeinde, der ihm gleichgeordnet sein könnte oder in ihr Herrenrechte hätte. Niemand ist in der Lage, die Lebensfunktion auszuüben, die Christus ausübt. Kein Mensch kann über das Leben Gottes so verfügen wie er. Das Leben Gottes ist nur in Jesus Christus verkörpert. Er ist die einzige Lebensquelle seiner Gemeinde.

Darum schreibt Paulus mit solcher Betonung, daß Christus selbst, er in seiner Person, den ersten Platz in allen Stücken haben soll. Er läßt keinen Zweifel darüber, daß mit Christus die Welt der Religionen ein Ende gefunden hat, die durch religiöse Methoden, religiöse Gedankengänge, religiöse Handlungen dem Menschen helfen wollte und es doch niemals konnte. Die Gemeinde Jesu hat ihre Lebensgrundlagen nicht mehr in den Linien der menschlichen Religion, sondern in Christus persönlich. Er in seiner Person und nichts anderes ist für das Leben seiner Gemeinde entscheidend. Darum hat er den ersten Platz in der Gemeinde Gottes. Darum ist er ihr Haupt.

Die Begründung der Stellung Jesu in seiner Gemeinde

> Kol. 1, 19–20: „Denn Gott beschloß, in ihm (in Christus) die ganze Fülle (Gottes) wohnen zu lassen und durch ihn alles in die Urordnung zu ihm hin zurückzubringen, dadurch, daß er Frieden machte durch das Blut seines Kreuzes – durch ihn sowohl das, was auf Erden, wie das, was im Himmel ist."

Diese Stellung des Christus in der Welt und in seiner Gemeinde ist keine zufällige, auch keine angemaßte. Sie beruht auf den großen Plänen Gottes, die dem Herrn Christus diesen Platz gegeben haben und ihn zum Schöpfer und Begründer der neuen Gottesgemeinde machen.

Es läßt sich leider in der deutschen Übersetzung nicht wiedergeben, wie in Vers 19 und 20 zwei Worte mit ganzer Kraft hervorgehoben worden sind: *„in ihm"* und *„durch ihn"*. Paulus will auf keine Weise uns im Zweifel darüber lassen, daß in ihm, in Christus, der totale Lebensgrund der Gemeinde gegeben ist und daß durch ihn ganz allein das grundlegende Werk der Erlösung geschaffen wurde.

Dies deutlich zu machen, bewegt ihn so stark, daß er am Schluß des Abschnitts noch einmal ganz betont ausspricht, wie „durch ihn", durch den Christus ganz allein, das große Erlösungswerk für die gesamte sichtbare und unsichtbare Welt zustande gekommen ist. Er möchte um jeden Preis verhüten, daß die Gemeinde an Stelle des einen Herrn wieder irgendein religiöses System setzt. Wir sollen uns bewußt werden, daß Christus und nur Christus in seiner Person der Lebensgrund der Gemeinde Gottes ist.

Diese Stellung des Christus beruht auf zwei Grundtatsachen: in ihm wohnt die ganze Fülle Gottes, und er vollbrachte die große Versöhnung am Kreuz.

Es ist nichts in Gott, was nicht auch in Christus lebt. In ihm ist Gott aus der Verborgenheit hervorgetreten. Mit Jesus hat die Götterdämmerung ein Ende. Alle Wesens- und Lebenslinien Gottes sind in ihm verkörpert — nicht bruchstückweise, sondern in ihrer ganzen Fülle. Darum sind Tausende zu ihm geströmt, als er über die Erde ging. Darum haben Millionen ihr Leben mit ihm verbunden, seit er der erhöhte, unsichtbare Herr ist. Die ersten Christen bezeugen Joh. 1, 14—16: „Wir sahen seine Herrlichkeit, eine Herrlichkeit als des eingeborenen Sohnes vom Vater, voll Gnade und Wahrheit, und aus seiner Fülle haben wir alle genommen Gnade um Gnade."

Das ist das Zeugnis seiner Gemeinde auch in allen folgenden Jahrhunderten. Sie hat immer aufs neue erfahren, daß in Jesus die ganze Fülle des Lebens aus Gott wohnt. In ihm finden wir alles, was wir brauchen, um im Frieden mit Gott und in dem neuen Leben zu stehen. Er ist wirklich für seine Gemeinde der gute Hirte. Er vermag ihr tatsächlich ewiges

Leben zu geben, das nicht nur heute und morgen standhält, sondern durch alle Lebenslagen hindurch bis in die Ewigkeit währt. Das Leben Jesu birgt alles in sich, was seine Gemeinde in irgendeiner Beziehung nötig hat.

Was lassen wir uns verlorengehen, wenn wir nicht zu Jesus Christus kommen und uns seinem Leben öffnen. Was geht den Gliedern seiner Gemeinde verloren, wenn sie für den verborgenen Umgang mit ihrem Herrn keine Zeit haben und in den Tag hineingehen, ohne mit ihm und seinem Wort zusammenzusein. Wieviel entgeht uns, wenn wir unser Leben durch tausend andere, wichtige, notwendige Dinge so überfluten lassen, daß wir für den verborgenen Umgang mit unserem Herrn nur noch selten Zeit haben. Welch ein Geschenk ist eine stille Stunde und ein stiller Abend ganz allein mit dem Meister. In dieser Stille vor ihm kommt die ganze Fülle Gottes zu uns, die Gott in den Herrn Jesus hineingelegt hat.

Mit dieser großen Tatsache, daß in Jesus Christus die ganze Fülle aus Gott lebt, verbindet sich die andere, daß er am Kreuz in einer geheimnisvollen Tat die Totalerlösung der Welt vollbrachte. Beides zusammen macht ihn zum Heiland der Welt, zum Haupt der Gemeinde, zu dem, der im Vollsinn den Namen „der Erlöser" verdient.

Es ist Gottes Geheimnis, warum er diesen Weg zu unserer Erlösung eingeschlagen hat. Theoretisch können wir uns viele andere Wege denken, die auch denkbar gewesen wären. Aber wir haben es verwirkt, irgendwelche Forderungen und Ansprüche an Gott stellen zu können. Die Lage von uns allen vor Gott ist so hoffnungslos, daß es vom Menschen aus überhaupt keinen Weg zur Erlösung und Versöhnung mit Gott gibt. Unsere Schuld ist zu groß, als daß wir vor Gott noch irgendein Recht hätten. Es ist Gottes freier Wille und seine unendliche Güte, daß er uns überhaupt einen Weg zur Erlösung bereitet hat. Er ist darum ganz souverän in der Gestaltung dieses Weges. Niemand hat ein Recht, ihm dareinzureden. Die Versöhnung ist ganz sein Geschenk.

Darum haben wir auch kein Recht zu kritisieren, daß diese Versöhnung durch Christus geschaffen wurde. Natürlich können wir uns einen Weg zu Gott ausdenken, bei dem Christus ausgeschaltet wäre und jeder Mensch direkt und unmittelbar zu Gott käme. Aber das bleibt alles Theorie, die nichts nützt und uns keinen Heimweg zu Gott bereitet. Wir können Gott von Herzen danken, daß er von sich aus überhaupt einen Weg ermöglicht hat, und ehrfürchtig vor der Tatsache stehen, daß Christus der Gestalter des Weges zum Frieden mit Gott ist.

Wer diesen Weg nicht geht, der Jesus Christus heißt, bringt sich um alles und kommt nie in den Frieden mit Gott, weil nach Gottes Plan Jesus ganz allein und niemand sonst den neuen Frieden mit Gott schuf. *Er* hat uns mit Gott versöhnt und niemand sonst. Darum haben wir nur in ihm allein die Erlösung und Versöhnung.

Es ist eine irrtümliche Vorstellung, wenn jemand auf den Gedanken kommt, Gott müsse mit uns versöhnt werden. Dieser Gedanke ist ganz abwegig. Gott braucht nicht mit uns versöhnt zu werden. Es gibt nur einen, der versöhnt werden muß: das ist der Mensch.

Gott selbst hat uns unendlich lieb. Er ist über alle Schuld hinweg dem Menschen nie untreu geworden. Seine Gedanken sind nur darauf aus, zu helfen und zu retten. Er ist der Gott aller Barmherzigkeit und Gnade. Wie sollte der mit uns versöhnt werden müssen, der uns so lieb hat und diese Liebe dadurch dokumentierte, daß er uns Jesus Christus schenkte.

Daß *wir* freilich mit Gott versöhnt werden mußten, das ist so eindeutig klar, daß es nicht vieler Worte darüber bedarf. In uns allen lebt soviel Widerstreben gegen Gott. Jeder von uns hat vielfältig das getan, was vor Gott nicht recht war. Wie treu hat uns Gott gewarnt und wie oft haben wir doch im Gegensatz zu ihm gehandelt. Unser ganzes Wesen ist so anders als sein Wesen. Wir sind der große Widerspruch zu ihm. Wir bedürfen es in jeder Hinsicht, mit Gott versöhnt zu werden. Wie gütig, daß Gott uns in Jesus Christus die Hand zur Versöhnung reicht.

Diese unendliche Güte Gottes hebt nicht auf, daß er über unsere Sünde todernst denkt und daß es einen heiligen Zorn und ein unerbittliches Gericht Gottes über alle Sünde gibt. Wer die in Jesus Christus ausgestreckte Hand Gottes ablehnt, wird im Gericht Gottes enden. Joh. 3, 36 steht das bedeutsame Wort: „Wer an den Sohn glaubt, der hat das ewige Leben; wer dem Sohn nicht glaubt, der wird das Leben nicht sehen, sondern der Zorn Gottes bleibt über ihm." Es ist für Gott unendlich schmerzlich, daß Millionen die Versöhnung ablehnen, die er ihnen durch Jesus am Kreuz bereitet hat. Für ihn, der die ganze Liebe ist, ist das Gericht über die, die seine Versöhnung ablehnen, unendlich schwer. Gott selbst möchte uns nicht dem Gericht überantworten, sondern dem Herrn Jesus Christus, daß er uns das Leben werden könnte.

Weil Jesus Christus uns am Kreuz mit Gott versöhnt hat, darum kann er das Haupt der Gemeinde und ihr Leben sein. Wir können gedanklich nicht durchschauen, was sich im tiefsten Grunde am Kreuz begeben hat. Wir ahnen es nur von ferne, wie Jesus Christus dort an unsere Stelle getreten ist und die ganze Gottesferne durchlitten hat, die eigentlich unser Teil sein müßte. Es muß ein ungeheurer Kampf gewesen sein, den Jesus dort durchkämpft hat — ein Kampf nicht nur mit sich selbst, sondern mit den unheimlichen satanischen Mächten, denen die gesamte Menschheit sonst ausgeliefert ist. In einer Schlacht sondergleichen hat er uns dort von diesen Mächten losgerungen und jedem einen Weg in die Freiheit gebahnt. Sein Sterben ist nicht ein einfaches Sterben. Dieses Ringen mit der Hölle war das Schwere. Das war sein Opfergang für uns, mit dem er uns von allem Anrecht der dunklen Gewalten an uns erlöst und uns die neue Gemeinschaft mit Gott als seinen Kindern bereitet hat.

Das Wort, das wir gewöhnlich mit „versöhnen" übersetzen, heißt eigentlich: in die Urordnung mit Gott zurückbringen. Die Tat Jesu am Kreuz hat eine aus der Ordnung geratene Welt grundsätzlich in die Urordnung mit Gott zurückgebracht. Wer das im Glauben ergreift, erfährt, daß das Wahrheit ist. Nun braucht keiner mehr von Gott fern zu bleiben. Seit Golgatha sind wir alle grundsätzlich in die Urordnung zu Gott von Jesus zurückgebracht.

Das soll nicht erst werden; das ist geworden. Diese Versöhnung mit Gott ist Perfektum. Sie ist kein Vorgang, der sich in unserer Seele abspielt, sondern eine geschichtliche Tat, die vollendet ist. Auf diese Tat von Golgatha können wir uns im Glauben gründen. Sie war Wirklichkeit, unabhängig von uns, ehe wir lebten. Sie ist Wirklichkeit, unabhängig von dem, was wir heute sind. Sie wird Wirklichkeit sein, unabhängig von all den Enttäuschungen, die wir unserem Herrn noch bereiten werden. Hier haben wir ein ewiges Fundament: Christus hat uns mit Gott versöhnt und in die Urordnung mit ihm zurückgebracht.

In diese Tat Jesu sind alle eingeschlossen — nicht nur einige besonders religiös veranlagte Menschen. Die gesamte Menschheit ohne Ausnahme ist versöhnt mit Gott. Darum ist es ein großer Schmerz, daß so viele versöhnt sind und dennoch verlorengehen, weil sie diese Versöhnung für sich nicht bejahen und sich nicht dem, der sie vollbracht hat, zu eigen geben wollen.

Paulus greift in seiner Aussage noch weit über die Menschheit hinaus. Nicht nur wir Menschen sind restlos in die Tat Jesu am Kreuz eingeschlossen; auch die ganze unsichtbare Welt ist mit einbegriffen. Die Erlösung auf Golgatha ist eine totale und hat ein absolutes Ausmaß. Was macht uns das getrost und gewiß, daß dann auch mein kleines Leben und all meine Sünde mit eingeschlossen ist. Das gibt eine Gewißheit des Heils, die nicht auf inneren Vorgängen in uns beruht, sondern allein auf der großen Tat des Christus am Kreuz, auf ihm **selbst.**

Es ist auffallend, mit welch massiven Worten Paulus feststellt: er hat Frieden gemacht durch das Blut seines Kreuzes. Er will verhüten, daß irgendwie aus der geschichtlichen Tat des Christus eine Idee wird, ein Erlösungsgedanke, der keinen Menschen in den Frieden mit Gott zu stellen vermöchte. Es ist Gottes Güte, daß er nicht Gedanken und Ideen uns übermitteln läßt, sondern daß er durch das Blut des Kreuzes Jesu, durch die geschichtliche Tat des Christus ein für allemal Frieden zwischen sich und den Menschen machte, so daß jeder hierauf sein Leben im Glauben gründen kann.

Der hat Anteil an der Versöhnung auf Golgatha, der sich dem öffnet und im Glauben zu eigen gibt, der dort für ihn starb und heute für ihn lebt. Wir haben die Versöhnung nicht losgelöst von Jesus Christus. Sie ist kein Sachwert, den man ohne die lebendige Beziehung zu Christus haben kann. Die Versöhnung, die Christus am Kreuz schuf, ist in ihm verkörpert und tritt in ihm als Wirklichkeit in unser Leben. Er selbst, er in seiner Person, ist unser Friede. Darum ist er das Haupt seiner Gemeinde. Darum hat sie in ihm das Leben.

Unsere persönliche Beziehung zu Christus

Kol. 1, 21–22: „Und euch, die ihr einst entfremdet und feindselig in euren Gedanken in bösen Werken waret, jetzt hat er euch durch den Leib seines Fleisches in die Urordnung zurückgebracht – durch den Tod (am Kreuz), um euch heilig und unbefleckt und unverklagbar vor ihm darzustellen."

Die gewaltige Schau von Christus und seiner Stellung im Kosmos und in der Gemeinde könnte uns in ihrer großen Objektivität wie eine ferne, unerreichbare, majestätische Größe anmuten, mit der wir kleinen Menschen nie in Beziehung treten können. Und doch will uns Gott so persönlich, so lebendig und wirklich mit Christus verbinden, daß wir einen Zusammenhang mit ihm bekommen wie die Glieder des Leibes mit ihrem Haupt. Damit keiner von Ferne stehen bleibt, sondern jeder sich herzutraut, schreibt Paulus mit besonderer Betonung: „Und euch, die ihr einst so ferne wart und gar keine Beziehung zu ihm hattet, euch hat er mit eingeschlossen in seine Tat." Wie fremd wir Gott auch geworden waren, es ist jeder in die Tat Jesu am Kreuz eingeschlossen. Keiner steht daneben. Keiner muß ferne bleiben. Jesus und sein Friede gehört uns allen. Nur der ist ausgeschlossen, der sich selbst ausschließt und mit Jesus Christus nichts zu tun haben will.

Wie muß den Paulus die Sorge bewegt haben, daß aus dem vollendeten Erlösungswerk des Christus eine blasse Versöhnungsidee würde, von der kein Mensch leben kann. Darum spricht er es noch einmal in großer Massivität aus, daß Jesus uns durch den Leib seines Fleisches versöhnt hat — durch seinen Tod. Damit will er das geschichtliche Faktum eindeutig feststellen. Wie ein Block aus Granit steht die Tat am Kreuz in der Menschheitsgeschichte, unzerstörbar, ewig gültig.

Leib und Fleisch sind keine Ideen, sondern leibhaftige Wirklichkeit. So leibhaftig wirklich ist die Tat des Christus, die uns den Frieden schuf und in der wir mit unserem Gewissen zur völligen Ruhe kommen.

Es ist jedesmal eine geistliche Katastrophe, wenn durch die Gedankenbildung der Christenheit die Tat Jesu verflüchtet wird und nur die Idee des Opfers, des Sterbens, des Sichaufgebens übrigbleibt. Dann sind wir aus der Welt des Neuen Testaments und des Evangeliums heraus. Dann sind wir wieder in den üblichen religiösen Bestrebungen und der zermürbenden Selbsterlösung.

Wie arm ist alles geworden, wenn von der ganzen Kreuzestat Jesu nur die Idee übrigbleibt, daß wir in unserem Wesen sterben und in unserem Wesen uns kreuzigen lassen sollen, wie Jesus Christus starb und sich kreuzigen ließ. Damit ist die Totalverschiebung der neutestamentlichen Botschaft eingetreten. Diese Gedankengänge können keinen in seinem Ge=

wissen erschütterten Menschen mehr in den Frieden stellen. Alles wird zu einer Idee ohne Wirklichkeit.

In die Wirklichkeit des Friedens mit Gott stellt allein die geschichtliche Tat des Christus, ohne jeden Beitrag von unserer Seite. Durch das, was in seinem Tod geschah, sind wir für immer und ewig versöhnt mit Gott, wenn wir dem Einen unser Leben verbinden und zu eigen geben, der diese Tat für uns vollbracht hat.

Durch seine Tat am Kreuz hat Christus uns heilig, unbefleckt und unverklagbar vor Gott hingestellt. Auch nicht ein Flecken, auch nicht eine Sünde, auch nicht eine Schuld ist zurückgeblieben. Er hat alles gelöscht und getilgt. In Menschenaugen fehlt uns sehr viel, sind wir unheilig, befleckt und tausendfältig verklagbar. In Gottes Augen sind die, die Jesus Christus angehören und in ihm sind, heilig, unbefleckt und unverklagbar. Gott sieht keine Fehler und keine Schuld mehr an ihnen.

Das ist eine wunderbare, herrliche Botschaft. Wie kann dasselbe Wort, das uns so froh macht, eine Verzweiflung sondergleichen in uns auslösen, wenn es falsch verstanden wird. Wie habe ich mich jahrelang mit diesem Wort gequält, weil ich es gar nicht bei mir entdecken konnte, daß ich heilig, unbefleckt, unverklagbar geworden sei, seitdem ich Christus angehörte. Ich entdeckte bei mir soviel Unheiliges und soviel schmerzliche Flecken. Mein Gewissen verklagte mich täglich. Es entstand ernsthaft die Frage, ob Christus mich überhaupt in seine Gemeinschaft aufgenommen habe, wenn ich noch so viele schmerzliche Flecken an mir entdeckte. Wieviel Versagen stellte ich bei mir fest. Von Jahr zu Jahr wurde der Blick für das, was einem gebrach, tiefer und klarer. Da konnte ein Wort wie dieses wirklich in die Verzweiflung stürzen und an der ganzen Gemeinschaft mit Christus irre machen.

Bei den Raubmördern im Zuchthaus habe ich dieses Wort im Lichte des Evangeliums verstehen gelernt. Jahrelang durfte ich in einem der großen Zuchthäuser Deutschlands aus- und eingehen. Jeder Besuch dort war ein schwerer Dienst, aber auch eine große Freude. Ich werde nie die Stunden vergessen, da ich zum ersten Mal mit fünfundzwanzig dieser Männer allein hinter verschlossener Tür um das Neue Testament sitzen durfte und wir einen Austausch miteinander hatten, wie man ihn in der Freiheit nicht alle Tage in einer Gemeinde findet.

Als ich die ersten Sprechstunden hielt, fragte mich der freundliche Verwaltungsinspektor, ob ich die Akten der Männer haben wolle, mit denen ich sprechen würde. Ich war ganz überrascht von seinem Angebot. An Akten hatte ich nicht gedacht, sondern nur an die lebendigen Menschen. Ich dankte ihm herzlich für sein freundliches Angebot. Ich wollte den Menschen selbst begegnen.

Der gewissenhafte Beamte war sehr erstaunt über meine Ablehnung. Für ihn waren die Akten dieser Männer unabtrennbar von ihnen selbst. Sie enthielten ihre Lebensgeschichte. Diese Akten gehörten unauflöslich zu diesen Männern. In diesen Akten stand all ihre Schuld, all ihr Vergehen, all das, was sie vor Menschen unmöglich gemacht hatte.

Hinterher ging mir auf, warum ich so spontan das freundliche Anerbieten ablehnte. Was bedeutete es schon, wenn ich die Lebensgeschichte dieser Männer mit all ihrer Schuld nur aus den Akten erfuhr und wenn sie nicht selbst im freien Bekenntnis vor Gott ihre Schuld aussprachen. Noch bedeutsamer war das andere: unter diesen Männern kannte ich ja solche, deren Akten nur noch in dem Büro des Zuchthauses standen; vor Gott aber waren sie restlos vernichtet. Das waren die, die zu Jesus Christus gefunden hatten, die seine Vergebung von all ihrer Schuld rein wusch. Das waren meine Brüder in Christus.

Vor Menschenaugen waren sie Zuchthäusler, Verbrecher, Raubmörder, in der menschlichen Gesellschaft unmöglich. In Gottes Augen aber waren sie seine Kinder, rein gewaschen durch Christi Blut.

Vor Menschen waren sie unheilig, befleckt und verklagbar. Unendliche Schuld lastete auf ihnen. In Gottes Augen waren sie die, die Christus im Glauben als ihren Herrn aufgenommen hatten, ganz rein von aller Schuld — heilig, unbefleckt, unverklagbar — versöhnt mit Gott, im vollen Frieden.

Diese Männer haben mir ein echtes Verständnis des Evangeliums ermöglicht. Wie bin ich durch sie froh geworden, daß unsere Akten seit Golgatha restlos gelöscht sind und von unserem Leben kein Stäubchen und kein Flecken mehr auf uns ruht.

In unseren eigenen Augen und in den Augen anderer Menschen haben wir alle viele Flecken. Auch die, die Christus angehören, sind begrenzte Menschen, die sich und andere vielfältig enttäuschen. Wir sind alle noch nicht am Ziel. Auch die, die als reife und geheiligte Persönlichkeiten in die Ewigkeit gingen, waren noch nicht fertig. Sie waren noch so vielfältig befleckt und verklagbar.

Aber vor Gott sind wir durch die vollkommene Erlösungstat des Herrn Christus völlig rein und fleckenlos. Dem, der Jesus im Glauben in sein Leben aufnimmt, gehört die ganze Versöhnung. Christus ist seine volle Gerechtigkeit vor Gott. Mit tiefster Gewißheit weiß er, daß zwischen ihm und Gott nichts mehr steht – nicht auf Grund der Heiligung unseres Lebens, so sehr wir nach ihr ausschauen und mit ganzer Hingabe darum ringen, sondern ganz allein auf Grund der vollkommenen Tat Jesu am Kreuz, die die Vergangenheit, Gegenwart und Zukunft unseres Lebens umspannt und uns vor Gott wirklich rein, unbefleckt und unverklagbar hinstellt. Da versteht man das Wort des Paulus aus Römer 14, 17: „Das Reich Gottes ist Gerechtigkeit und Friede und Freude im Heiligen Geist."

> Kol. 1, 23: „Wenn ihr anders im Glauben bleibt, gegründet und fest und nicht wegzubewegen von der Hoffnung des Evangeliums, das ihr gehört habt, das in der ganzen Schöpfung, die unter dem Himmel ist, verkündigt wurde, dessen Diener ich, Paulus, geworden bin."

Obwohl alles durch Christus geschehen ist und unsere Erlösung allein durch ihn Gestalt gewann, so wird seine Versöhnung doch niemand aufgezwungen und keinem die Gotteskindschaft mit Gewalt auferlegt. Es bleibt eine echte Entscheidung, die der Glaubende trifft. Es bleibt eine echte Entscheidung, wenn wir die Versöhnung vom Kreuz und den, der sie vollbrachte, im Glauben aufnehmen. Es bleibt eine echte Entscheidung, wenn wir Jesus Christus und sein vollkommenes Werk für uns bejahen und daraus die eine Folgerung ziehen, daß wir nun aus Dankbarkeit ihm gehören und unser Leben unter seine Herrschaft stellen. Aber das ist nur der Dank für das, was Jesus gab – ein völlig unzureichender, oft sehr kümmerlicher Dank. Zu Gottes Kind macht uns einzig und allein Christus selbst und sein Werk auf Golgatha.

Aber gerade deshalb ist unser Leben jetzt verwirkt. Wir haben keine Ansprüche mehr zu melden. Alles, was wir sind, verdanken wir nur unserem Herrn. Er hat darum auch das totale Anrecht an uns und alles, was wir sind und haben, Und wir geben ihm dieses Recht von ganzem Herzen, wenn auch die praktische Durchführung noch ein Anfang und Bruchstück ist.

So wesentlich die grundlegende Glaubensentscheidung für Christus ist, so behält doch unser ganzes Leben mit ihm den Charakter der Entscheidung. Es wird niemals zur Selbstverständlichkeit, daß wir im Glauben an ihn stehen und unter ihm leben wollen. Es bleibt eine dauernde Entscheidung durch das ganze Leben hindurch, wenn wir in ihm gegründet bleiben wollen und fest bei ihm stehen möchten. Es bleibt ein Kampf voll tiefsten Ernstes, daß wir uns durch nichts von der Hoffnung des Evangeliums entfernen lassen, die Jesus Christus allein ist.

Er ist und bleibt unsere ganze Hoffnung vor Gott. Wenn er nicht der wäre, der er ist, wären wir vor Gott verloren. Fromme und unfromme Menschen wollen uns verleiten, unsere Hoffnung noch auf anderes zu setzen als auf ihn allein. Es ist schon tragisch, wenn Menschen, die in ihn gegründet waren und ihre ganze Hoffnung auf ihn setzten, eines Tages beginnen, ihre Hoffnung noch auf ihr frommes Leben zu setzen, auf die Prägung ihrer Heiligung, auf den Stil ihrer Gemeinde, auf die Art ihrer Erkenntnisbildung, auf die Linienführung ihrer Theologie, auf den Stil ihrer Gottesdienste, auf heilige Handlungen und heilige Zeiten. Vor Gott gilt nur ein einziger: Jesus Christus, unser ganzes Heil. Vor Gott gilt nichts als der Glaube des Schächers, der den Gekreuzigten seine ganze Hoffnung vor Gott sein läßt und aus Dankbarkeit ihm leben und gehören will.

Das ist die Botschaft, die die Welt rettet – wirklich die ganze Welt. Es gibt keine andere Botschaft, die unsere Rettung vor Gott ist. Mit kühnem prophetischem Wort sagt Paulus, daß diese Botschaft in der ganzen Schöpfung verkündigt wird, obwohl sie praktisch zur Zeit des Paulus erst recht winzige Bruchteile der Erde erreicht hatte. Im Geist sieht Paulus die ganze Erde von dieser Botschaft erfüllt, weil er weiß, daß sie die eine Botschaft von unserer totalen Errettung vor Gott ist, neben der es keine zweite gibt. Er weiß, daß diese Botschaft für die Menschen der ganzen Welt das Heil bedeutet und notwendig ist. Jesus Christus ist ihr absoluter und einziger Inhalt.

Es ist seine und unsere stolz-demütige Freude, Diener *dieser* Botschaft sein zu dürfen. Das gibt einem Menschenleben letzten Wert, selbst in dieser Wirklichkeit zu leben und sie anderen zu bezeugen. Wem Jesus Christus das totale Heil wurde, der kann nicht anders als auch Träger dieser Botschaft zu sein.

4. Kapitel

Die Vollgestalt des Evangeliums

Kol. 1, 24–29

Die Leiden des Paulus für die Gemeinde

Kol. 1, 24: „Nun freue ich mich in den Leiden, die ich für euch leide, und erstatte, was an Christustrübsalen in meinem Leben noch fehlt, für seinen Leib, welcher ist die Gemeinde."

Paulus geht einen schweren Weg im Gefängnis. Aber die Größe der Botschaft, um deretwillen er diesen Weg geht, läßt all das Schwere vergessen und löst in ihm eine tiefe Freude aus, daß er im Dienst an diesem einzigartigen Evangelium von Christus stehen darf.

Zudem weiß er, daß dieser Weg nicht sinnlos ist, sondern eine unmittelbare Bedeutung für viele andere hat. Keine Wegstrecke im Leben der Leute Jesu ist sinnlos. Sie steht immer in Beziehung zu dem großen Dienst, den sie auszurichten haben, und bahnt irgendwie der Botschaft den Weg.

Offenbar bewegt Paulus der Gedanke, daß Jesus Christus für jeden von uns einen klaren Plan macht, wie er unser Leben in seinem Dienst auswerten will und daß in diesen Plan auch ein bestimmtes Maß von Christustrübsalen hineingehört, ohne die die Botschaft nicht ausgerichtet werden kann. Zu den Christustrübsalen gehört all das, was wir um Jesu willen erleiden.

All die Schmach und Not um Jesu willen wird unmittelbar fruchtbar für die Gemeinde. Das ist die große Linie unseres Lebens, die ihm Tiefgang und Wert gibt, daß Jesus das ganze Leben seiner Leute zum Bau seiner Gemeinde in Beziehung setzt und dafür auswertet. Unser Familienleben, unsere Berufstätigkeit, das Volk, dem wir angehören — alles in unserem Leben ist letzten Endes nur die Plattform, auf der der eigentliche Dienst unseres Lebens sich vollzieht: Menschen zu Christus zu rufen und zu seiner Gemeinde zu bringen. Diese Aufgabe ist so groß, daß kein Opfer zu schwer ist. Es lohnt sich.

Kol. 1, 25–26: „Deren Diener ich wurde entsprechend dem Haushalteramt Gottes, das mir für euch gegeben ist, das Wort Gottes zu seiner Vollgestalt zu führen, das Geheimnis, das von den Aeonen und Geschlechtern her verhüllt war – nun aber ist es seinen Heiligen enthüllt."

Jeder Jünger Jesu empfängt ein Haushalteramt Gottes. Ihm wird viel von seinem Herrn anvertraut. Keiner ist ohne Gaben zum Dienst für Christus. Jeder ist ein Haushalter über ganz bestimmte Dienstmöglichkeiten beim Bau der Gemeinde Jesu. Ein Diener seiner Gemeinde zu sein und in ihrer Lebensgestaltung mitzuhelfen, ist der Adel unseres Lebens und der Sinn unseres Haushalteramtes, ob wir Arbeiter oder Kaufleute, Pfarrer oder Beamte, Landwirte oder Industrielle, Hausfrauen oder Berufstätige sind.

Jedem aber ist ein anderes Haushalteramt übertragen, da Jesus mit jedem andere Pläne verfolgt und darum jedem andere Gaben zum Dienst gibt. Das besondere Haushalteramt des Paulus war es, das Wort Gottes zu seiner Vollgestalt zu führen.

Die fremden Boten des Evangeliums, die die junge Gemeinde in Kolossä beunruhigten, haben offenbar zu ihr gesagt: „Was Paulus von Jesus gesagt hat, ist ausgezeichnet, aber noch nicht die Vollgestalt des Evangeliums. Er hat nur die Anfangsstufe euch gezeigt. Wir bringen euch die Vollgestalt der Botschaft."

Damit meinten sie all das, was sie an zusätzlicher gottesdienstlicher Gestaltung, an frommem Lebensstil, an heiligen Handlungen und besonderen Lehrgedanken zu der Botschaft von Christus glaubten noch hinzufügen zu müssen. Es war ihnen zu einfach, daß ihr Glaubensleben sich nur auf Jesus und auf nichts als ihn stützen sollte.

Mit ihren scheinbaren Ergänzungen glaubten sie eine viel reichere Botschaft und eine vollere Gestalt des Evangeliums zu gewinnen. Diese Gedanken nimmt Paulus auf und sagt, daß es gerade seine spezielle Aufgabe sei, die Gott ihm gestellt habe, das Evangelium zu seiner Vollgestalt zu führen. Wir können uns vorstellen, wie die Leser des Briefes überrascht und gespannt waren, wie die Vollgestalt des Evangeliums aussähe.

Paulus steigert die Spannung noch, indem er ebenso wie

die fremden Sendboten von einem Mysterium, einem Geheimnis spricht, das von Ewigkeiten her verhüllt war. Auch die neuen Brüder versprachen, in die Tiefe der Geheimnisse Gottes einzuführen, so daß demgegenüber alles, was Paulus von Jesus gesagt hatte, nur ein Kindesstadium war.

Wir merken Paulus die ganze Freude und Gewißheit an, wenn er ausruft: „Nun ist das Geheimnis seinen Heiligen enthüllt."

Christus – die Hoffnung der Herrlichkeit

> Kol. 1, 27: „Denen Gott wollte kundtun, welches der Reichtum der Herrlichkeit dieses Geheimnisses inmitten der Völkerwelt sei, welches ist: Christus in euch, *die* Hoffnung der Herrlichkeit."

Durch seine ganze Ausdrucksweise steigert Paulus die Spannung, welches wohl die Vollgestalt des Evangeliums sein möchte und was alles in diesem Mysterium, diesem Geheimnis Gottes enthalten sei. Ein Ausdruck ist immer schwergewichtiger als der andere. Er spricht von einem offenbar außerordentlichen Reichtum und einer besonderen Herrlichkeit, die diesem Mysterium innewohnen. Es ist kein Mysterium und Geheimnis, das nur in einem kleinen, verborgenen religiösen Zirkel ausgesprochen wird, wie es vielleicht die neuen Brüder in Kolossä taten. Seine Botschaft ist so einzigartig und weltumspannend, daß es in die ganze Völkerwelt hineingehört. Das Sendungsbewußtsein auf Grund der Größe der Botschaft kommt hier zum stärksten Ausdruck.

Jeder ist nun gespannt, in welcher Weise Paulus die fremden Brüder in Kolossä überbieten wird und welch eine Fülle der Wortlaut seiner Botschaft zu bieten vermag. In einem scharfen, überraschenden Kontrast dazu spricht Paulus die *Vollgestalt* des Evangeliums mit einem einzigen Wort aus: *Christus.*

Was die neuen Brüder in Kolossä primitiv, Kindesstadium, Anfangsweisheit nennen, ist in Wirklichkeit das Größte, das man überhaupt sagen kann, die Vollgestalt des Evangeliums: Jesus selbst und Jesus ganz allein. Er ist der Christus, das totale Heil der Welt. All die Ergänzungsversuche durch weitere Botschaften und Stilarten der Nachfolge Christi und des gottesdienstlichen Lebens sind keine vollere Gestalt des Evangeliums, sondern eine Verkürzung und Verdunklung der großen Tatsache, daß mit Christus das volle Fundament unseres Glaubens und die totale Gabe Gottes geschenkt ist.

Er ist der Christus, der unter ihnen und in ihnen lebt. Er ist nicht weltenfern, in majestätischem, weitem Abstand, so daß man sich ihm nur durch geheimnisvolle kultische Handlungen nahen könnte. Er ist mitten in der Gemeinde. Er ist jedem so nahe. Er ist bei uns alle Tage. Er ist der Vertraute unseres Lebens. Er steht nicht nur neben uns, sondern macht durch seinen Geist Wohnung in uns und verbindet sich mit jedem Glied seiner Gemeinde zu einer so innigen, tiefen Gemeinschaft, daß es dafür keine Parallele in der Welt gibt.

Er ist *die* Hoffnung der Herrlichkeit. Er ist die eine Hoffnung, neben der es keine zweite gibt. Wer ihn hat, wird zur vollen Herrlichkeit Gottes eingehen. Nicht auf Lehrgebäude, gottesdienstliche Handlungen, kultische Formen gründet sich unsere Hoffnung im Blick auf die Herrlichkeit und unseren Anteil an dem ewigen Leben Gottes. Unsere Ewigkeit gründet sich allein auf Christus und nichts sonst. Er ist die eine, absolute, gewisse Hoffnung des Seligwerdens.

Wir hoffen nicht auf uns oder auf irgend etwas, was wir in Lehre, Kultus und Leben gestalten: wir setzen unsere ganze Hoffnung allein auf ihn. Er ist für seine Gemeinde *die* Hoffnung der Herrlichkeit, die durch nichts ergänzt und gestützt werden muß. Das ist die Vollgestalt des Evangeliums. Überall, wo die Christusgemeinde noch andere Dinge und Wahrheiten als heilsnotwendig für seine Gemeinde verkündet hat, hat sie das Evangelium verkürzt und die Vollgestalt zerstört, die nur den einen enthält, der das Haupt der Gemeinde ist.

Vollkommen in Christus

> Kol. 1, 28: „*Den* verkündigen wir, indem wir den Sinn eines jeden Menschen in die rechte Richtung rücken und jeden Menschen mit aller Weisheit unterrichten, um jeden Menschen darzustellen: vollkommen in Christus.“

Weil Christus die Vollgestalt der Botschaft ist, fällt für Paulus und seine Freunde der ganze Ton der Botschaft nur auf ihn. Er ist das eine Zentrum, der eine große Inhalt ihrer Verkündigung. Wo in der Gemeinde des Christus der Ton noch auf andere Wahrheiten und Fragestellungen mit derselben Stärke gelegt wird, sind wir aus der Welt des Evangeliums und des Neuen Testaments heraus, selbst wenn diese anderen Botschaften richtige, biblische Gedankengänge enthalten.

Heilsnotwendig ist nur Jesus Christus, weil er allein für uns starb und er allein uns zur Rechten Gottes vertritt. Diese Botschaft, die so ganz auf ihn konzentriert ist, darf die Kraft und Freude unseres Lebens sein. Das gibt unserem Dienst die Stoßkraft, daß wir diesen einen verkündigen und daß demgegenüber alles andere, was wir etwa noch auszusprechen haben, nur ganz nebenbei klingt und den großen Hauptton, der auf Christus liegt, nicht im leisesten verkürzen darf.

Zwei Funktionen haben die Boten des Christus auszuüben: den Sinn eines jeden Menschen in die rechte Richtung zu rücken, so daß der Blick nur auf Christus geht und auf nichts anderes, und das, was uns mit ihm gegeben ist, lehrmäßig in aller Klarheit darzustellen.

Es ist eine schmerzvolle Geschichte, daß so köstliche Dinge wie das Abendmahl oder die Taufe, die lebendige Gestaltung neutestamentlichen Gemeindelebens oder die großen Fragen der Endgeschichte der Gemeinde in solch unerhörter Weise die Jünger Jesu auseinander und gegeneinander bringen konnten. Wo das möglich ist, wird jedesmal deutlich, daß die Vollgestalt des Evangeliums nicht erfaßt ist, daß der Sinn nicht auf ihn allein gerichtet ist und erkenntnismäßig nicht deutlich wurde, daß Christus die eine Hoffnung der Herrlichkeit ist, der absolute Inhalt des Evangeliums.

„Auf daß wir jeden Menschen darstellen vollkommen in Christus." Das ist ein großer Satz, der sich katastrophal auswirkt, wenn er falsch verstanden wird, und uns unendlich froh macht, wenn wir ihn richtig erfassen. Verheerend wirkt dieser Satz, wenn man ihn ethisch, moralisch, sittlich von der Nachfolge und Heiligung versteht. Dann wird er eine große Quälerei, denn diese vollkommenen Leute entdecken wir nirgendwo in der Gemeinde Jesu. Dann müssen wir an unserem ganzen Christsein verzweifeln. Dann kämen wir mit Fug und Recht auf den Gedanken: also bin ich gar nicht in Christus, denn ich bin kein vollkommener Mensch, sondern merke meine Schwächen und Fehler nur zu sehr.

Aber eine helle Freude ist das echte Verständnis dieses Satzes. Was das heißt: „vollkommen in Christus" wird deutlich, wenn wir uns den Gegensatz dazu vergegenwärtigen: „vollkommen in uns selbst." Das ist keiner von uns. Wo das einer von sich denkt, ist er mitten im pharisäischen Hochmut und eine peinliche Erscheinung in der gläubigen Gemeinde. Wir machen alle einen weiten Bogen um diese Menschen, die ausgesprochen oder unausgesprochen davon überzeugt sind, daß sie „vollkommen in sich selbst" sind. Das sind unangenehme Gesellen. Es ist keine Freude, mit ihnen zusammenzuleben.

Ganz anders einer, der voll Dank und Beschämung weiß, daß er „vollkommen in Christus" ist. Er weiß, daß er in sich nichts ist: in sich ein Bettler, ein wurmstichiger Geselle, einer, dem es an allen Ecken und Enden fehlt, mit dem kein Staat zu machen ist. Aber er weiß auch das andere, daß er seine ganze Hoffnung auf Christus setzen darf, daß Christus sein ganzes Heil ist, daß Christus ihn heilig, unbefleckt, unverklagbar hinstellt — nicht vor Menschen, aber vor dem lebendigen Gott.

Was ist das für eine Freude, daß Gott all unsere Defekte, Kümmerlichkeiten und Mängel nicht mehr sieht, weil wir in Jesus sind. Vor Menschenaugen sind wir kümmerliche Gesellen, an denen man mit Recht viel Anstoß nimmt. Bei allem Großen, was Jesus in seinen Leuten gestaltet, bleiben wir doch wirkliche Menschen mit vielen Begrenzungen. Aber vor Gott gebricht uns nichts, weil wir unseren Blick im Glauben auf Jesus gerichtet haben und ihn unsere ganze Hoffnung sein lassen. Darum sind wir in Gottes Augen „vollkommen in Christus".

Diese Botschaft ist unerhört. Sie macht sehr froh und dankbar und zugleich bescheiden, demütig und gering. Sie nimmt uns alles, wodurch wir auf den Gedanken kommen könnten, doch „vollkommen in uns selbst" sein zu können, und macht uns unseres ganzen Heils in Christus gewiß. Man versteht von da aus gar nicht, wie die gläubige Gemeinde um Taufe und Abendmahl und viele andere Fragen sich entzweien konnte, wo wir in Christus vollkommen vor Gott sind und darum er ganz allein der ist, auf den wir im Glauben unseren Blick richten — unsere ganze Rettung.

> Kol. 1, 29: „Auf dieses Ziel hin plage ich mich auch ab, indem ich eine Schlacht schlage entsprechend seiner Energie, die in mir in Kraft wirksam ist."

Das ist der einzige Gedanke, den Paulus hat, jedem Menschen aufzuschließen, daß er außer Christus nichts braucht, um vor Gott stehen zu können, da er in Christus vollkommen und ganz rein vor Gott ist. Dieses Ziel ist so groß, daß er nicht in aller Behaglichkeit darüber berichten und als Referent auftreten kann. Das Ziel ist so groß, daß er seine ganze Person und sein ganzes Leben einsetzen muß, daß er sich abplagt und kein Opfer und keine Mühe scheut, um den Blick eines jeden Menschen allein auf Christus zu richten und ihn darüber zu unterrichten, daß in Christus alles gegeben ist.

Es ist eine richtige Schlacht, die ihn verzehren könnte, wenn nicht die Energien und Kräfte Gottes in ihm am Werke wären. Aber solch einem Einsatz für die Vollgestalt des Evangeliums versagt sich Gott nicht. Er gibt jedem seiner Kinder nach dem Maß seines Einsatzes. Darum ist das Leben der Jünger Jesu so kümmerlich, die sich schonen und sich nicht für andere verzehren, die zu den Spießbürgern im Reich Gottes gehören und ein sehr temperiertes Leben leben. Darum aber ist auch das Leben all der Jünger Jesu so reich und groß, die alles, was sie sind und haben, für ihren Herrn einsetzen, um anderen zu erschließen, was in ihm uns gegeben ist. Denen legt Gott in unerhörter Weise zu.

5. Kapitel

Ein Leben in Christus

Kol. 2, 1–7

Das „Sein in Christus" ist der Gottesdienst der Gemeinde Jesu Christi. Ihr ganzer Kultus und Gottesdienst faßt sich in dem einen Namen zusammen: Jesus Christus. Sie sieht ihr Heil in keinen gottesdienstlichen und kultischen Formen, sondern allein in ihrem Herrn. Das will auch in ihren ganzen Lebensformen, in der Art ihres Gottesdienstes und in der Gestaltung ihres Kultus zum Ausdruck kommen.

Vom ersten Jahrhundert bis heute zieht sich ein schweres Ringen durch die Gemeinde Jesu Christi um ihre rechte Lebensgestalt. Mit unheimlicher Gewalt wird die Gemeinde Jesu immer wieder von der üblichen Art menschlicher Religionen angezogen, in denen die Form, die gottesdienstliche Gestaltung, der kultische Stil grundlegende Bedeutung für das Heil haben. Das Absinken in die Welt menschlicher Religionen ist uns offenbar angeboren und naturhaft gegeben. Wir wollen uns alle lieber auf Sichtbares stützen. Wir wollen nicht so blank im Glauben Christus ausgeliefert sein. Wir möchten noch irgend etwas in der Hand haben und nicht im nackten Glauben unser Heil auf den unsichtbaren Herrn allein gründen.

Und doch wissen wir aus der Geschichte unserer Generation nur zu eindeutig, wie schnell Zeiten kommen können, in denen uns zwangsläufig alles aus der Hand geschlagen wird, in denen alle gottesdienstlichen Formen und kultischen Gestaltungen wegfallen und wir in einer solchen Wüste des Lebens leben müssen, daß wirklich Jesus Christus unser ganzer und einziger Gottesdienst ist.

Das hat sich all denen tief eingeprägt, die die Gefangenschaft in einer primitiven Form durchgemacht haben und einen solchen Kurzschluß des Lebens erfuhren, daß alle normale Lebensgestaltung aufhörte und auch das wegfiel, was ihnen in der christlichen Gemeinde an gottesdienstlichem Leben lieb und wert war. Als von den gesamten kultischen Formen nichts blieb, da hat Gott in überwältigender Weise uns einen Anschauungsunterricht davon gegeben, wie das Sein in Christus unser ganzer Gottesdienst ist.

Ob wir allein in einem kümmerlichen Erdloch hockten oder auf einem ausgedörrten Lehmfeld im großen Kreis zusammensaßen, es fehlte all das, was wir religiöse Form nennen und was uns an die üblichen Gottesdienste erinnerte. Aber Jesus Christus war da, und wir waren um ihn versammelt. Da wurde jenes ausgedörrte Ackerfeld zu einem Dom Gottes, weil Christus in unserer Mitte gegenwärtig war.

Wir haben nichts entbehrt. Unser Leben mit ihm war reicher und tatsächlicher als oft inmitten unserer heimatlichen schönen gottesdienstlichen Formen. Es ist etwas Großes, daß der gesamte Kultus der christlichen Gemeinde sich zusammenfaßt in dem einen Namen: Jesus Christus. Aber wir merken alle, wie schwer es ist, in normalen Zeiten eine Lebensgestalt der Gemeinde im Gottesdienst und Kultus zu finden, die diese große Tatsache eindeutig zum Ausdruck bringt und nicht abschwächt oder aufhebt.

Kol. 2, 1–3: „Ich will euch wissen lassen, welch eine Schlacht ich habe für euch und die in Laodizea und wie viele mein Angesicht im Fleisch nicht gesehen haben, daß ihre Herzen, unterwiesen in Liebe, wirklich ermutigt werden zu dem ganzen Reichtum der Fülle des Verständnisses, hinein in die Erkenntnis des Mysteriums Gottes, des Christus, in dem alle Schätze der Weisheit und der Erkenntnis da sind – freilich verhüllt."

Es war für Paulus lebenslang ein schweres Ringen, daß die jungen Christengemeinden nicht einem Kultus anheimfielen, der aus der Welt der menschlichen Religionen stammte und verdunkelte, daß Christus allein die Vollgestalt des Evangeliums ist. Starke andersartige Einflüsse suchten den Gemeinden deutlich zu machen, daß ein solcher Kultus, der ganz schlicht Jesus alles sein ließ, zu primitiv sei, und daß man in den „ganzen Reichtum der Fülle des Verständnisses" eindringen müsse. Paulus habe nur sehr bescheidene Anfangsweisheiten gebracht, wenn er sie anleitete, ohne alle besondere kultische Form um ihren Herrn zusammen zu sein und sich auf das Jesuswort zu gründen: „Wo zwei oder drei versammelt sind in meinem Namen, da bin ich mitten unter ihnen." Es gäbe noch Mysterien, geheimnisvolle Handlungen, die eingeführt werden müßten, um ein wirklich reiches gottesdienstliches Leben der Gemeinde zu ermöglichen.

Alle diese Worte nimmt Paulus auf und möchte sie auch seinerseits ermutigen, in den ganzen Reichtum der Fülle des Verständnisses einzudringen und das Mysterium Gottes erkenntnismäßig wirklich zu erfassen, um mit einer kühnen Wendung und einem einzigen Wort auszusprechen, welches die Fülle des Verständnisses und welches das Geheimnis Gottes ist: *Christus* und er allein. Alles, was sie in hohen und tiefen Gedanken suchten, ist in ihm gegeben. Alle Schätze Gottes sind in ihn für die Gemeinde hineingelegt. Das sieht freilich nicht jeder. Es bedarf eines besonderen Blickes dazu, um durch alle Verhüllungen hindurch wahrzunehmen, daß in Christus der Gemeinde ihre ganze Lebensgrundlage gegeben ist und daß das „Sein in ihm" ihr ganzer Gottesdienst ist.

Kol. 2, 4: „Das sage ich, damit niemand euch durch eine Kunst des Wahrscheinlichmachens beschwatze."

Es gibt in der christlichen Gemeinde eine merkwürdige Geschicklichkeit, einzelne Bibelworte und biblische Gedankengänge aus dem großen Zusammenhang des Evangeliums herauszunehmen und zu einer Sonderbotschaft zu machen, die angeblich sagt, daß hier noch etwas vorliege, was neben Christus für seine Gemeinde absolut notwendig sei. Durch eine Häufung von Bibelstellen wird der Unkundige geradezu überwältigt und mancher, der an seinem Herrn alles hatte, getäuscht und in eine falsche Richtung geschoben.

Was soll alles neben Christus noch unbedingt notwendig für das Leben seiner Gemeinde sein! Viele prächtige Jünger Jesu sind durch solch eine Kunst des Wahrscheinlichmachens schon um ihre ureigentliche Freude an ihrem Herrn gebracht und in die dumpfe Luft des frommen Gesetzes geschoben worden. Sie hatten die Vollgestalt des Evangeliums erkenntnismäßig nicht klar genug erfaßt, um diesem Ansturm von Bibelworten standzuhalten, mit denen sie überschüttet wurden und die ihnen irgend etwas aus der Welt der Bibel in ein so falsches Licht rückten, daß dadurch das Evangelium von Jesus Christus im Grunde aufgehoben wurde. Die scheinbare Erweiterung der Lebensgrundlagen der Gemeinde führt immer zu einer Verkümmerung, weil in Wahrheit nur Jesus ihr Leben ist.

> Kol. 2, 5: „Denn wenn ich auch dem Fleisch nach abwesend bin, so bin ich doch dem Geist nach mit euch zusammen und sehe mit Freuden die Ausrichtung und Festigkeit eures in Christus hinein gerichteten Glaubens."

Was war das für Paulus eine Freude, zu hören, wie das Glaubensleben seiner Brüder in Kolossä allein auf Christus ausgerichtet sei und mit Festigkeit sich eine Entwicklung bei ihnen gestaltete, die sie tiefer und tiefer in ihren Herrn hineinführte. Ausgezeichnet ist seine Formulierung von dem Glauben „in Christus hinein". Sprach er früher von dem Glauben, der in Christus Jesus ist und in ihm Lebenselement und Heimat hat, so kommt hier die andere Seite zum Ausdruck, daß unser Glaube an Jesus nie eine ruhende, in sich abgeschlossene Angelegenheit ist, sondern immer eine lebendige Lebensbewegung und stetige Entwicklung, die tiefer und tiefer in ihn hineinführt.

> **Kol. 2, 6–7: „Folglich:** Wie ihr den Christus Jesus als den **Herrn angenommen** habt, so wandelt *in ihm,* gewurzelt und **gegründet** ***in ihm*** und festgemacht durch den Glauben entsprechend dem, wie ihr gelehrt seid, überströmend an Dank."

Es ist jedesmal ein Jammer, wenn ein Christ, der mit Freuden den Herrn Jesus als sein ganzes Heil aufnahm, durch eine irrtümliche, schiefe Verkündigung dazu gebracht wird, noch aus etwas anderem leben zu wollen als aus seinem Herrn, statt in ihm allein den Quell seines Lebens mit Gott zu haben und in ihm allein zu wandeln. Paulus weiß, was das für tragische Folgen hat, wenn wir nicht mehr in ihm, unserem Herrn, eingewurzelt und gegründet sind, sondern in anderen Dingen und Gedanken noch wurzeln, die uns neben Jesus Christus Grundlage unseres Lebens mit Gott sein wollen. Er weiß, was es bedeutet, wenn wir es nicht mehr wagen, allein im Glauben zu stehen, der Jesus Christus zum Inhalt hat, sondern andere religiöse Linien und Vorstellungen das ergänzen sollen, was mit ihm uns gegeben wurde.

Dann tritt jedesmal eine Verflachung und Verengung des geistlichen Lebens ein, weil der Geist Gottes betrübt wird, dessen zentrale Aufgabe es ist, Jesus zu verklären und deutlich zu machen, daß er die Vollgestalt des Evangeliums und darum auch unser einziger Gottesdienst ist. Die Freude an unserm Herrn verkümmert, und die Liebe zu den Brüdern nimmt ab, wenn er nicht mehr die alleinige Lebensgrundlage seiner Gemeinde ist.

Statt dessen tritt ein kümmerliches, gesetzliches Denken auf. Die Folge ist, daß die Bruderschaft zerrissen wird, weil man nicht mehr einmütig ist. Der Blick auf Jesus macht einmütig. Die zusätzlichen Dinge zerspalten. Der überströmende Dank wird nur dort Lebenselement der Gemeinde sein, wo sie es wagt, mit der ersten Liebe auf ihn allein ihr ganzes Leben zu gründen und in der Gemeinschaft mit ihm die einzige Lebensgrundlage und ihren eigentlichen Gottesdienst zu haben.

6. Kapitel

In Christus die Fülle

Kol. 2, 8–15

Die Versuchung der religiösen Tradition

Kol. 2, 8–10

Kol. 2, 8: „Sehet zu, daß nicht irgend jemand euch gefangen nehme durch eine kluge Gedankenbildung und leere Täuschung entsprechend der Überlieferung der Menschen, entsprechend den Grundelementen (der üblichen religiösen Welt) und nicht entsprechend Christus."

Damit gibt Paulus uns den großen Maßstab für die gesamte Lebensgestaltung der Gemeinde. Sie soll dem Christus entsprechend, sie soll ihm gemäß sein, so daß in all ihren Formen zum Ausdruck kommt, daß er allein es ist, aus dem sie ihr Leben schöpft, und daß sie neben ihm nichts hat, was selbständig Leben aus Gott in sich trüge. „Christusgemäß": das ist die große Linie, die sich in allen Lebensäußerungen der Gemeinde Jesu durchsetzen will, auch in ihren gottesdienstlichen Formen und in der Art, wie sie von ihnen spricht.

Zu den Elementen der üblichen religiösen Welt gehört es, daß sie kultische Formen, heilige Handlungen, Ordnungen ihres Lebens hat, die in sich wirksam sind. In der Gemeinde Jesu gibt es *nichts*, was in sich wirksam ist. Alles ist nur Wegweiser zu Christus: die gottesdienstlichen Formen wie das gesprochene Wort. Alles erhält erst wirklich Wert, wenn es unserem Herrn gefällt, selbst darin gegenwärtig und wirksam zu sein. Wir haben nie etwas fest in der Hand — auch keine kultische Form. Wir bleiben immer völlig Bettler vor Gott und sind darauf angewiesen, daß er dieses Wort oder diese Form zu seinem Werkzeug macht und mit seinem Leben erfüllt.

Das kennt die übliche religiöse Welt nicht. Sie hat ihre sicheren Formen, ihre festen, erprobten religiösen Linien, ihre zuverlässigen heiligen Handlungen, ihre wirksamen Lehrformeln in der Verkündigung. Wenn die bewährten, festgelegten Formen in Lehre und Kultus nur klar und sauber gehandhabt werden, so ist alles sichergestellt. Das ist eine ganz andere Welt als die Welt des Neuen Testaments, als die Welt des Evangeliums, das in die totale Abhängigkeit von Christus bringt, in ihm uns aber alles gibt.

Die religiöse Tradition ist etwas unheimlich Starkes. Sie kann so beeindrucken, daß der schlichte Glaubensblick auf Jesus ganz erdrückt wird. Die religiöse Tradition der Menschen kann so reich sein, daß daneben die schlichte Gemeinschaft mit Jesus sich ganz kümmerlich ausnimmt. Welch imponierende Gottesdienste, welch eindrucksvollen Kultus vermag religiöse Tradition zu gestalten. Und doch ist alles nur kluge, menschliche Gedankenführung und leere Täuschung, wenn dadurch irgendwie verdunkelt wird, daß wir in uns immer totale Bettler bleiben und nie einen religiösen Besitz in die Hand bekommen — auch nicht im Kultus der Gemeinde, sondern immer und allein alles, was wir haben, nur in ihm, unserem Herrn, finden — in ihm aber vollgültig.

Paulus ist sehr bange, daß seine Brüder sich durch den starken Eindruck solcher religiösen Tradition der Menschen gefangennehmen lassen und nicht mehr wagen, die Formen ihres gottesdienstlichen Lebens so zu gestalten, daß sie christusgemäß sind und eindeutig zum Ausdruck bringen, daß Christus allein das volle Heil ist.

> Kol. 2, 9—10: „Denn *in ihm* wohnt die ganze Fülle der Gottheit leibhaftig und ihr seid *in ihm* zur Fülle gebracht worden, der das Haupt jeder Macht und Herrschaft ist."

Die Fülle Gottes lebt nie in uns, nie in den gottesdienstlichen Formen der Gemeinde, nie in unserer Lehrbildung. Die Fülle Gottes lebt allein in Christus. „Leibhaftig" sagt Paulus, um nachdrücklich zu verhüten, daß aus dem „Heil in Christus" ein „Heil in Gedankengängen" wird, die man von ihm empfangen hat. Kein noch so wahrer biblischer Gedankengang kann Jesus selbst ersetzen. Keine noch so schöne gottesdienstliche Form und Handlung kann an seine Stelle treten. „Leibhaftig", das heißt: *er* in seiner Person ist der eine, in dem die Fülle Gottes wohnt — er, der als der lebendige unsichtbare Herr inmitten seiner Gemeinde ist und in ihren Gliedern Wohnung macht. In ihm sind wir zur ganzen Fülle gekommen. In uns bleiben wir Bettler, aber in ihm haben wir die Fülle. Merkwürdig, daß wir dennoch der Versuchung so leicht unterliegen, in irgendwelchen religiösen Gebilden, Konstruktionen und Gedankengängen das Heil zu sehen statt in Christus allein.

Selbstverständlich können wir auf Erden nicht formlos leben. Selbstverständlich müssen wir unsere klaren Gedankengänge haben. Selbstverständlich bemühen wir uns um eine wirkliche Erkenntnis dessen, was uns in der Schrift gegeben ist. Selbstverständlich geht unser heißes Bemühen um eine echte Theologie. Dies alles sind solche Binsenwahrheiten, daß man sich fast schämt, sie auszusprechen.

Aber darum geht es, daß wir diese Formen und Theologien, die uns jeweils richtig erscheinen, nicht heilig sprechen und ihnen nicht selbständigen Lebenswert beimessen, als könnte uns jemals eine noch so wertvolle kultische Lebensform der Gemeinde oder gediegene Theologie das geben, was nur die Gemeinschaft im Geist mit Christus selbst gibt.

Dabei ist es auch eine Binsenwahrheit, daß für die Gemeinschaft mit Christus im Geist das Wort der Schrift die tragende Grundlage ist und daß es keine Gemeinschaft mit Christus losgelöst vom Wort gibt. Und es ist ebenso eine Binsenwahrheit, daß man nicht nur einen reich ausgebauten Kultus heilig sprechen kann, sondern auch eine ganz schlichte, um nicht zu sagen primitive Form der Zusammenkunft der Gemeinde. Trotzdem ist es wahr, daß der reiche kultische Ausbau begreiflicherweise leichter die Alleingenugsamkeit unseres Herrn verdeckt als eine schlichte bescheidene Form.

Weil wir *in ihm* zur Fülle gekommen sind, darum hat das Kind von sieben Jahren, das seinen Heiland lieb gewinnt, und der reife, kluge Mann von 50 Jahren, dem viel Erkenntnis zuteil wurde, in ihm in gleicher Weise das ganze Leben.

Jesus Christus ist das Haupt jeder Macht und Herrschaft in der sichtbaren und unsichtbaren Welt. *Er* steht über allem. Darum darf seine Gemeinde in ihm ihren ganzen Lebensgrund haben.

Das Ende der alten Lebensgrundlage

> Kol. 2, 11: „In ihm wurdet ihr auch beschnitten mit einer Beschneidung, die nicht mit Händen ausgeführt wurde, durch das Ausziehen des Leibes des Fleisches, durch die Beschneidung des Christus, mitbegraben mit ihm in der Taufe."

In Kolossä fürchtete man sich vor den übermenschlichen dunklen Mächten und glaubte sich gegen sie durch heilige Handlungen sichern zu müssen, die durch die Hand des Menschen ausgeführt wurden. Das ist das Charakteristische aller heiligen Handlungen, daß Menschen sie ausführen, ob es die Beschneidung, irgendeine Art von Taufe oder besondere Weihen sind. So war es im Altertum; so ist es heute. Im Menschen lebt eine tiefe Neigung und Sehnsucht, auf solche sichtbaren Zeichen und Handlungen, die von der Hand des Menschen ausgeführt werden, seine Hoffnung zu setzen.

Es soll alles greifbar sein, ganz anders, als wenn es sich um eine Tat des Geistes Gottes an unserem Geist handelt. Die meisten ahnen nicht, was der Geist Gottes für eine Wirklichkeit ist. Sie trauen lieber auf eine sichtbare, von Menschen vollzogene Handlung. So ist es in den Religionen der Menschen. Und oft genug ist die Gemeinde Jesu aus der Welt des Reiches Gottes in die Welt der menschlichen Religion zurückgesunken. Uns allen liegt diese Versuchung so nahe.

Mit kühnem Wort spricht Paulus aus, daß an den Gliedern der Gemeinde Jesu eine grundlegende heilige Handlung vollzogen worden ist. Diese geschah nicht durch die Hand eines Menschen. Mit einem eigenartigen Satz sagt er: „Der Leib des Fleisches wurde ausgezogen." Das heißt: die alte Lebensgrundlage, die wir in unserer natürlichen, angeborenen Existenz haben, wurde abgetan, und eine neue Lebensgrundlage trat an ihre Stelle. Nicht mehr das, was wir von Natur aus sind und durch unsere leibliche Erbmasse uns übermittelt wurde, ist fortan die eigentliche Lebensgrundlage, sondern das Neue, das durch eine heilige Handlung uns zuteil wurde, die nicht von Menschenhand verwaltet wird.

Das ist die Beschneidung des Christus: die Beschneidung, die er allein vollzieht, die nicht an unserem Leib geschieht wie alle religiösen Handlungen, die von Menschen verwaltet werden, sondern die durch seinen Geist an unserem Geist geschieht, an dem geheimen Zentrum unserer Persönlichkeit, das wir „Ich" nennen. Durch diese Beschneidung des Christus begibt sich eine entscheidende Änderung, indem er selbst, Jesus Christus, die Grundlage unserer ganzen persönlichen Existenz wird als der, der durch seinen Geist in uns wohnt und in uns am Werk ist.

Es ist oben vielfältig ausgesprochen worden, daß das Werk des Christus in all seinen Leuten erst im Anfang ist, daß wir alle seiner Vergebung bis ans Lebensende bedürftig bleiben. Trotzdem ist es ein Vorgang von fundamentaler Bedeutung, wenn diese Beschneidung des Christus im Geist und in der Wahrheit stattfindet, durch die ein Mensch von seiner alten Lebensgrundlage gelöst und in Jesus Christus eingewurzelt wird. Jesus nennt dies die zweite Geburt, die Wiedergeburt, die Geburt von oben, weil hiermit ein zweites Leben anfängt, das wir nicht von unseren Vorfahren geerbt haben, sondern das in dieser geheimnisvollen Tat des Christus in uns seinen Anfang hat. Diese Beschneidung des Christus, die er allein vollzieht, verändert die gesamte Lebensgrundlage, löst uns von dem alten Lebensfundament und macht Christus selbst zu dem Fundament des weiteren Lebens. Gal. 2, 19–20 sagt Paulus: „Ich bin mit Christus gekreuzigt; ich lebe nicht mehr als ich selbst, sondern Christus lebt in mir."

Diese große Tatsache kommt in der Taufe zum Ausdruck. In ihr wird ausgesprochen, daß wir mit Christus begraben sind in seinen Tod. Das ist kein mystischer, geheimnisvoller Vorgang in uns; das ist kein Vorgang in unserem inneren Menschen. Es ist eine geschichtliche Feststellung, die die Taufe ausspricht, daß wir mit Christus begraben und gekreuzigt sind, daß damals, als Christus starb und begraben wurde, von Gott das Todesurteil über unsere gesamte menschliche Existenz ausgesprochen worden ist, wie wir sie von unseren Vorfahren ererbt haben. Die Taufe ist die sichtbare Verkündigung davon, daß unsere alte Lebensgrundlage vor Gott niemals ausreicht und durch den Tod Jesu vollgültig abgetan ist. Wir werden in den Tod Jesu getauft. In der Taufe wird anerkannt, daß im Tod Jesu über uns alle das Todesurteil Gottes ausgesprochen ist. Zugleich aber werden wir in den auferstandenen Herrn getauft und geben uns in seine Hand, ihm zu eigen. Aber keine Handlung, die von Menschen vollzogen wird, kann Anteil daran geben, daß im Tod Jesu die alte Lebensgrundlage abgetan und in seiner Auferstehung das neue Leben geschenkt wurde.

„*In ihm* wurdet auch ihr beschnitten mit einer Beschneidung, die nicht mit den Händen vollzogen wird": das ist die Freude des Paulus, daß jeder, der in Christus eingewurzelt wurde, damit durch den Geist Gottes eine Beschneidung empfing, die ihn von der alten Lebensbasis löste und Jesus Christus zu seiner neuen Lebensbasis machte. Das kann kein menschlicher Priester uns vermitteln, sondern nur der eine ewige Hohepriester: Christus selbst.

> Kol. 2, 12: „*In ihm* wurdet ihr auch mit auferweckt durch den Glauben an die Kraft Gottes, die ihn von den Toten auferweckte."

Wie in dem Sterben Jesu die alte Lebensgrundlage des Menschen abgetan und überwunden wurde, so ist uns in dem auferstandenen Herrn die neue Lebensgrundlage gegeben. Sie wird nicht erst dann Wirklichkeit, wenn wir im Glauben zu Christus kommen. Sie ist Tatsache, seitdem Gott ihn auferweckte und ihm das neue, höhere Leben gab, in dem er Geist ist wie Gott. Es ist eine große Sache, wenn wir das im Glauben fassen können und wissen, daß Gott uns mit dieser Tat im Herrn Christus die neue Lebensbasis für immer und ewig gab.

Kol. 2, 13–15: „Und euch, die ihr tot waret durch Übertretungen und den unbeschnittenen Zustand eures Fleisches, hat er mit ihm lebendig gemacht,

(1.) indem er uns alle Übertretungen schenkte;

(2.) indem er die wider uns stehende Handschrift ausgelöscht hat, die durch Satzungen uns entgegen war – er hat sie wirklich aus der Mitte genommen, indem er sie ans Kreuz heftete;

(3.) indem er die Herrschaften und Gewalten auszog – öffentlich gab er sie preis, indem er sie im Triumph in ihm (in Christus) einherführte."

Daß wir in Christus die Fülle haben und in ihm eine völlig neue Lebensgrundlage bekamen, verdanken wir allein der Tat Gottes, die uns, die wir grundsätzlich durch die ganze Geschichte der Menschheit und die Geschichte unseres eigenen Lebens von Gott getrennt waren, mit Christus in das neue Leben versetzte. Gott hat uns in alles, was am Kreuz und zu Ostern geschah, voll mit eingeschlossen. In allem, was dort mit Christus und durch Christus geschah, haben wir vollen Anteil. Gott hat uns mit ihm lebendig gemacht. Darauf dürfen wir uns im Glauben voll und ganz stützen.

Daß er uns mit Christus lebendig machte, ist wiederum kein Vorgang in unserem inneren Leben, sondern eine geschichtliche Tatsache, die ewig feststeht und an der jeder vollen Anteil hat. Sie gehört uns allen. Sie gehört der ganzen Welt. Keiner ist davon ausgeschlossen, der sich nicht selbst ausschließt. Es ist unfaßbar, daß wir so blind sein können und uns dem Herrn Christus und dem großen neuen Leben, das mit ihm in die Welt gekommen ist, verschließen.

Diese Tat Gottes, daß er uns grundsätzlich begnadigte und in das neue Leben Jesu einschloß, hat eine dreifache Voraussetzung:

1. Er hat uns in einer totalen Vergebung alle Übertretungen geschenkt. Golgatha hat die Schuld einer Menschheit gelöscht. Alles, was gewesen ist, gilt nicht mehr. Die Fülle der Schuld, die zwischen Gott und der Menschheit liegt, ist verschwunden. Die Bahn zwischen Gott und uns ist frei. Er hat uns alles geschenkt.

Das danken wir dem Herrn Christus, der für uns in den Riß trat und an unsere Stelle sich stellte und in dem Geheimnis seines Opfers am Kreuz die Löschung der uralten Schuld der Menschheit bewirkte. Durch ihn sind wir frei. Darum gehört ihm unsere Liebe und unser Leben. Es ist alles geschenkt.

2. Gott hat grundsätzlich die Handschrift, die durch ihre Satzungen uns entgegenstand, gelöscht. Das ist das alte Gottesgesetz, das ewig feststeht, daß keiner sich Gott nahen kann, der nicht heilig ist wie er. Dieses Gottesgesetz ist auf dem Sinai in klassischer Weise proklamiert worden: „Ich bin der Herr dein Gott; du sollst keine anderen Götter neben mir haben."

Nur wer radikal dieses Gottesgesetz erfüllt und sein ganzes Leben und Wesen allein unter den Einfluß Gottes stellt, kann Gemeinschaft mit Gott haben. Wir wissen alle, daß wir an diesem Gottesgesetz scheitern. Wir haben alle viele Götter neben dem einen lebendigen Gott in unserem Leben. Wieviel Menschen, wieviel Verhältnisse und Einflüsse haben Macht über uns und sind unser Gott, nicht zuletzt wir selbst. Darum sind wir vor dem ewigen, heiligen Gottesgesetz, wie es auf dem Sinai proklamiert und in den Schriften des Alten Bundes niedergelegt ist, restlos verloren. Wir sind seinen Satzungen nicht nachgekommen und werden ihnen nicht nachkommen. Wenn dies der einzige Weg zu Gott ist, kommt keiner von uns zu Gott und hat keiner Anteil an dem neuen Leben in Christus.

Darum war es Gottes entscheidende Tat, daß er dieses alte Gottesgesetz aus der Mitte nahm und es grundsätzlich als den Weg des Menschen zu Gott aufhob. Paulus sagt, Gott hat es ans Kreuz geheftet: in der Tat Jesu am Kreuz ist das Ende des Gottesgesetzes gekommen. Seitdem Jesus sprach: „Es ist vollbracht", wird keine Forderung mehr an den Menschen gestellt. Jesus starb für uns. Der Weg des Gesetzes ist aus. Der Weg der Gnade hat begonnen.

In Jesus Christus ist die Gnade Gottes für alle Zeiten verkörpert. Er ist die Freistatt der Schuldigen. Hier verurteilt uns kein Gottesgesetz mehr. Hier gilt nur die Gnade. Wer sich Jesus Christus und der neuen Lebensmacht seiner Gnade erschließt und übergibt, ist im Leben.

3. Nicht nur unsere Übertretungen und nicht nur das alte Gottesgesetz standen zwischen Gott und uns, sondern unheimliche, dämonische, satanische Mächte, die ein altes Anrecht auf uns haben, weil die Menschheit und auch wir ihnen

dieses Anrecht gegeben haben und ihnen dienten. Jeder weiß, wie tief wir an diese unheimlichen Mächte verkauft sind und wie ihnen die Menschheit auch heute noch hörig ist. Es ist jedesmal eine große Sache, wenn ein Mensch aus der Herrschaftsgewalt dieser Mächte herausgenommen und in das neue Leben in Christus gestellt wird.

Das vermag keine religiöse Handlung, die ein Mensch ausführt. Das vermag keine kultische Form. Das vermag keine noch so gute und klare menschliche Verkündigung. Dazu gehört eine Tat Gottes.

Diese Tat ist geschehen. In der Christustat am Kreuz hat Gott diesen unheimlichen Mächten all ihre Macht genommen und sie ausgezogen, d. h. ihnen alle ihre Waffen und Rechte abgenommen. Sie sind grundsätzlich erledigt. Wer in Jesus ist, ist vor ihnen geborgen und in dem neuen Leben, das ihm eigen ist.

Diese Entwaffnung der dämonischen Mächte durch die Tat am Kreuz kann die Menschheit nicht ohne weiteres wahrnehmen. Dazu fehlt ihr der Blick in die verborgenen Hintergründe des Geschehens am Kreuz. Und doch schreibt Paulus, daß Gott diese Mächte öffentlich preisgab. Die unsichtbaren Welten, die einen tieferen Einblick in das Geschehen auf Golgatha haben als wir, haben es gesehen und wissen, daß jene satanischen Gewalten grundsätzlich preisgegeben sind und kein Anrecht an die Menschheit mehr haben.

Wie ein römischer Feldherr im Triumph seine entwaffneten, machtlosen Gefangenen auf der Triumphstraße von Rom vor sich her trieb, so hat Gott in einem Triumphzug sondergleichen durch den Herrn Christus über die satanischen Gewalten am Kreuz triumphiert.

Darum ist niemand mehr diesen Mächten verpflichtet. Grundsätzlich haben sie an jeden das Anrecht verloren. Wer im Glauben zu Jesus tritt, ist diesen Mächten entnommen. Sie haben an ihn kein Anrecht mehr, weil er in Christus ist. Damit ist er in dem neuen Leben. Mögen auch Überlistungen und Überrumpelungen durch jene unheimlichen Mächte stattfinden und uns manche Wunden durch sie beigebracht werden, so sind wir doch grundsätzlich ihrer Macht entnommen und in dem neuen Leben mit Christus verankert.

Gott hat durch seine dreifache Tat, daß er uns alle Schuld schenkte, das alte Gottesgesetz außer Kraft setzte und die satanischen Mächte entwaffnete, uns den Weg freigemacht, daß wir in das neue Leben eingeschlossen sind, das Christus am Ostermorgen von Gott empfing. Christus ist nun der Quellort und die Grundlage des ganzen Lebens seiner Gemeinde.

II. Teil

DIE GEMEINSCHAFT MIT JESUS CHRISTUS — UNSER EIGENTLICHER GOTTESDIENST

Kol. 2, 16—3, 4

1. Kapitel

Christus — das Ende aller menschlichen Religion

Kol. 2, 16—19

> Kol. 2, 16—17: „Folglich soll niemand über euch zu Gericht sitzen auf dem Gebiet des Essens und Trinkens oder in Anbetracht eines Festes oder Neumondes oder von Sabbattagen. Das alles ist der Schatten des Kommenden, der Leib (d. h. die Wirklichkeit) eignet dem Christus."

Mit einem mächtigen „folglich" spricht Paulus nun die Folgerungen aus all den grundsätzlichen Ausführungen aus. Wenn Christus die Vollgestalt des Evangeliums ist, wenn in ihm die ganze Fülle des neuen Lebens aus Gott seiner Gemeinde gegeben ist, dann mutet es wie Kindereien an, wenn man neben diesem großen Geschenk Gottes die Quellen der Gemeinschaft mit Gott und des neuen Lebens in irgendeinem armseligen Fastengesetz, in der Abhaltung eines bestimmten Festes oder in der Ordnung gewisser Feiertage finden will. Alle diese Dinge gehören der Sphäre der menschlichen Religion an. Durch Christus ist das alles überholt. Die Wirklichkeit des neuen Lebens ist jetzt in ihm voll und ganz da. Darum ist er die einzige Lebensgrundlage seiner Gemeinde.

Vor Christus hatten die religiösen Einrichtungen ihren guten Sinn, soweit sie den Gedanken Gottes entsprachen und in seinem alten Bund verankert waren. Sie waren die Weissagung auf das, was kommen sollte. Sie waren die Schatten der kommenden Wirklichkeit, die mit Jesus Christus Gestalt gewann. Vom Schatten lebt man nicht. Alle gottesdienstlichen Formen des Alten Bundes vor Christus waren aber nur der Schatten dessen, was durch Christus Tatsache wurde.

Einst gab es einen Hohenpriester, der jedes Jahr für das Volk opferte und doch nicht in Wirklichkeit die Schuld löschen konnte. Ein Hoherpriester ist dem anderen gefolgt. Keiner hat wirklich helfen können. Sie alle waren nur eine Weissagung darauf, daß einmal der wirkliche Hohepriester kommen würde, der vollgültig die Schuld einer Menschheit löscht. Dieser wirkliche Hohepriester ist in Christus da.

Einst gab es einen Tempel aus Stein, in dem man anbetete und der die Stätte der Offenbarung war. Und doch vermag kein Bau aus Stein wirklich Gottes Wohnung zu sein. Gott wohnt nur in lebendigen Menschen. Nun ist der wirkliche Tempel da: die neue Gottesgemeinde, die Jesus Christus gegründet hat und gestaltet. Sie ist die Stätte der Gegenwart Gottes, die Stätte der Offenbarung. In ihr wohnt wirklich der lebendige Gott.

Einst brachte man unzählige Opfer, die doch alle nicht in den Frieden mit Gott stellen konnten. Sie waren die Weissagungen auf das eine große Opfer auf Golgatha, durch das wirklich Friede zwischen Gott und Mensch geworden ist.

So haben die gottesdienstlichen Formen des Alten Bundes den Menschen echte Begriffe eingeprägt: Hoherpriester, Tempel, Opfer und vieles andere. Wirklichkeit ist alles durch Christus geworden. Was haben wir es gut, daß wir nicht in der Zeit der Schatten leben. Christus ist das Ende aller Religionen. Der neue Gottesdienst ist er selbst.

Echte Gemeinde gründet sich nicht auf Schatten, sondern auf Christus. Echte Seelsorge führt nicht zu den Schatten, sondern zu dem einen, in dem das Wirkliche da ist.

So stehen wir in einer großen Freiheit. Wir sind frei von allen Formen und frei für alle Formen. Die gottesdienstliche Form macht nicht mehr das Eigentliche und Wesentliche aus. Wir stehen in großer Freiheit über ihr und in ihr. Wir sind frei von allen Formen und können zugleich auf alle Formen eingehen, die dem Leben aus Christus den Weg ebnen. Die Verschiedenheit der Formen kann uns auch nicht mehr von unseren Brüdern trennen, mit denen wir den gemeinsamen Lebensgrund in Christus haben. Der verborgene Umgang mit Christus ist der gemeinsame Gottesdienst seiner Gemeinde.

Kol. 2, 18: „Niemand soll euch den Siegespreis absprechen, der sich in Niedrigkeitsgesinnung oder Frömmigkeitserweisung gefällt, wie sie die Engel haben, der auf Gesichte baut (oder: der sich einläßt auf Dinge, die er nie gesehen hat) – nichtig aufgeblasen von dem Denken seines Fleisches."

Der Christusgemeinde in Kolossä trat ein Frömmigkeitstyp entgegen, der ihr den Siegespreis des Seligwerdens absprach, weil sie in ihrem Leben zu schlicht und einfach war und die Gemeinschaft mit Jesus Christus als ihren vollen Gottesdienst ansah, der durch nichts ergänzt werden mußte. Wir können nur ahnen, woraus der Frömmigkeitstyp bestand, der durch seine starken Worte und Ansprüche der jungen Gemeinde so tiefen Eindruck machte und sie so stark beunruhigte. Zweifellos waren die fremden Brüder auch Männer, die Jesus Christus liebten; sonst hätte man auf sie gar nicht gehört. Aber sie hielten die schlichte Glaubensgemeinschaft mit Christus nicht für ausreichend. Ein Leben der Selbstentsagung, der Kasteiung, des besonderen Opfers schien ihnen als Grundlage und Quelle des neuen Lebens notwendig. Es war nicht eine echte Demut, sondern eine irrtümliche Niedrigkeitsgesinnung, die sich darin ausdrückte, daß man auf möglichst viele Lebens- und Kulturgüter verzichtete, auch auf die Ehe, und ein Leben wie die Engel jenseits der Ehe leben wollte.

Seit jenen Tagen gehen Unzählige den gleichen Weg. Uns alle wandelt immer wieder die Neigung an, durch eine asketische Leistung das Leben mit Christus zu unterbauen und durch eine besondere Entsagung von an sich guten Dingen das Leben mit Christus sichern zu wollen.

Zweifellos gibt es das, daß wir bald da, bald dort Jesus zuliebe auf etwas verzichten und daß viele Kinder Gottes große Opfer um seinetwillen gebracht haben. Das war aber nie die Begründung unserer Gemeinschaft mit ihm, sondern immer nur der Ausdruck des Dankes für das, was wir grundsätzlich in ihm haben.

Zur Begründung unseres Standes als Kinder Gottes haben wir nicht den leisesten Beitrag. Es ist eine totale Verschiebung, wenn etwas, das höchstens ein stammelnder Dank gegen unseren Gott ist, zur frommen Leistung wird, mit der wir unsere Gemeinschaft mit ihm begründen wollen. Es gibt schlechterdings nichts, was uns in die neue Gemeinde Gottes stellt und in ihr erhält, als allein Jesus Christus.

Der andere Wesenszug des neuen Frömmigkeitstypus in Kolossä ist nicht ganz sicher zu deuten. Entweder hat Paulus geschrieben: „Der auf Gesichte baut" oder: „Der sich in

Dinge einläßt, die er nicht gesehen hat." Im Grunde aber bedeutet beides dasselbe: ein Eindringen in unsichtbare Welten, die uns verschlossen sind.

Vielfältig ist seitdem die Grenzlinie überschritten worden, die uns gesetzt ist. Viele haben Kräfte der unsichtbaren Welt in Anspruch genommen, die nicht aus Gott stammten, und sind ihnen zum Opfer gefallen. Viele glaubten, dieses Eindringen in unsichtbare Welten und Kräfte mit dem Leben in Christus verbinden zu können.

Es bedeutet aber jedesmal ein tiefes Mißtrauen gegen Christus und ein Heraustreten aus dem Glauben an ihn, wenn wir solche okkulten Kräfte in Anspruch nehmen, wie sie in vielfältigen Formen zu allen Zeiten in die glaubende Gemeinde einzudringen suchen. Hinter vielen Dingen, die harmlos aussehen, verbergen sich zumeist satanische Mächte. Vieles, was man im Hellsehen, Magnetismus, Pendel usw. auf natürliche Kräfte zurückführen will, entstammt in Wirklichkeit dämonischen Gewalten.

Es ist sehr schmerzlich, wenn gläubige Christen in diese verborgenen und verbotenen Welten eindringen wollen, weil ihnen der schlichte Umgang mit Christus und das, was er ihnen sagt und gibt, nicht genügt. Sie ahnen nicht, wie sie dadurch das echte Leben mit Jesus verdunkeln, unterbinden und zerstören und sich in die Abhängigkeit von unheimlichen Gewalten begeben.

Alle religiösen Sonderkonstruktionen, alles Außerordentliche in Lehrbildung und Kultus bringt immer die Gefahr des geistlichen Hochmuts mit sich. Man kommt sich doch als etwas Besonderes vor, wenn man besondere Opfer bringt, besondere Gebetszeiten hat, besondere Gottesdienste feiert, besondere heilige Handlungen kennt, besondere „biblische" Lehre verbreitet. Das alles hebt das Selbstbewußtsein — und ist doch so nichtig. Alle diese religiösen Sonderkonstruktionen können uns nichts über Christus hinaus übermitteln. Sie können ihn nicht ersetzen. Sie können aber unsere schlichte, tatsächliche Gemeinschaft mit ihm selbst untergraben.

> Kol. 2, 19: „Und der sich nicht hält an das Haupt, von dem aus der ganze Leib, durch Gelenke und Sehnen versorgt und zusammengehalten, das Wachstum Gottes wächst."

Das ist die unheimliche Macht aller religiösen Sonderlehren und Sonderformen, die etwas Besonderes zum Evangelium von Jesus hinzutun wollen, daß sie im tiefsten Grund von der Bindung an das Haupt Jesus Christus lösen, auch wenn sie es nicht wollen. Unwillkürlich setzt man sein Vertrauen auf diese besonderen Dinge und Gedanken. Jesus Christus wird aus der Mitte geschoben, auch wenn man dies theoretisch nicht wahrhaben will. In der Mitte steht eben doch irgendeine besondere Handlung oder ein besonderer Gedankengang. Dabei können diese Gedanken und Handlungen sogar echt biblische sein, denen man aber einen falschen Platz in der Mitte des Evangeliums gibt und die man mit einer Betonung versieht, die ihnen nicht zukommt. In die Mitte des Evangeliums gehört eben nur unser Herr, und der ganze Ton der Verkündigung hat nur auf ihm zu liegen. Alles andere ist beiläufig.

Man merkt sofort, ob das Beiläufige eine falsche Macht gewonnen hat und falsch verstanden wird, wenn es die Gemeinde Jesu auseinanderreißt und die Brüder trennt. Das Evangelium in seiner Vollgestalt wird die Gemeinde nie zerreißen, sondern tief zusammenbinden.

Wenn schon Gedanken und Linien der Bibel, die einen falschen Ton erhalten, so das Leben der Gemeinde zerstören können, wieviel mehr Gedanken und Linien, die aus der Welt jenseits der Bibel stammen. Für das Leben der Gemeinde ist nur eins wichtig, daß sie sich mit allem, was sie ist, an das Haupt hält und in nichts anderem Grund und Stütze ihres Lebens sucht.

Ihr ganzes Wachstum kommt aus dem Zusammenhang mit dem Haupt Christus. Überall, wo die Gemeinde Jesu verkümmert und vertrocknet und keine lebenzeugende Kraft mehr hat, ist der Zusammenhang mit dem Haupt unterbunden. Es ist schon erschreckend, wie kümmerlich es in vielen christlichen Gemeinden zugeht, wie sich in ihnen keine lebendige Entwicklung mehr begibt, wie jahrelang kein Mensch zum Glauben an Christus kommt. Das ist alles so anormal. Wo der Zusammenhang mit dem Haupt lebt, da gibt es auch Lebensentfaltung und Lebensentwicklung. Da kann es gar nicht ausbleiben, als daß Menschen von diesem Leben angezogen werden und zu der Geburt von oben kommen, die sie in Christus einwurzelt. Eine Gemeinde, in der sich davon nichts mehr begibt, steht vor der ernsten Frage, ob sich bei aller ernsten Frömmigkeit ihr Fundament und ihre Botschaft doch verschoben haben und sie sich nicht mehr allein an Christus hält.

Es wäre aber ein Fehlschluß, wenn man aus der Tatsache, daß die Gemeinde ihr Leben allein aus dem Haupt Christus bekommt, die Schlußfolgerung ziehen wollte, daß die Gestaltung ihres Lebens bedeutungslos wäre. So klar der Lebensquell nur Christus ist, so bedeutungsvoll ist für die Entfaltung dieses Lebens, daß die Gemeinde durch Gelenke und Sehnen wirklich verbunden ist, einander Handreichung tut und innerlich stärkt und versorgt.

Die Gelenke und Sehnen sind die Jünger Jesu, die einen echten Zusammenhang miteinander haben und die dort, wo der Zusammenhang erlahmt, das Band neu knüpfen und befestigen. Eigentlich sollte jedes Glied der Gemeinde Jesu solch eine lebendige Klammer um die Gemeinde sein. Jeder sollte an seinem Teil beitragen, daß die Glieder der Gemeinde sich nicht auseinanderleben, sondern zueinander hinleben. Jeder sollte in diesem Hirtendienst stehen und nach seinen Brüdern und Schwestern Umschau halten, die ihn nötig haben.

Es ist ein kümmerliches Leben und ernster Tiefstand, wenn ein Kind Gottes keinen solchen priesterlichen Dienst tut und um niemand sich sorgt. Dabei ist es das Schönste, daß in solchem Bruderdienst keiner überfordert wird, weil das Haupt jedem Glied die Gaben und Kräfte zuvor schenkt, die es zum Dienst in der Gemeinde Jesu benötigt (Eph. 4, 16).

Eine Gemeinde des Christus, die aus dem Haupt lebt und darum besorgt ist, daß jeder seinen Weg findet und im Leben mit Christus bleibt, wird nicht verkümmern, sondern das Wachstum Gottes wachsen. Das ist das Wachstum, das Gott ihr zugedacht hat, das Wachstum, hinter dem er steht, das aus seinen Lebenskräften schöpft. Solch ein Wachstum Gottes wird nie abreißen und in einer immer lebendigen Entwicklung bleiben.

Anders ist es, wenn eine Gemeinde nur das Wachstum ihres menschlichen Hirten vollbringt, wenn nur ein Mensch der Motor des Lebens der Gemeinde ist oder gar dieser Mensch seine Prägung der Gemeinde aufprägen will. Selbst wenn Leben da zu sein scheint, weil sich vieles bewegt und vieles unternommen wird, so ist doch jede Entwicklung hohl, die nur von den Kräften des Menschen getragen wird und nicht aus den ewigen Quellen gespeist wird, die in Jesus Christus da sind.

2. Kapitel

Das Kreuz Jesu — das Gericht über alle menschliche Frömmigkeit

Kol. 2, 20—23: „Wenn ihr aber mit Christus gestorben seid, weg von den Grundelementen der (üblichen religiösen) Welt, was laßt ihr euch dann (fromme) Satzungen auferlegen, als lebtet ihr noch in der (üblichen religiösen) Welt: „Du sollst das nicht anfassen und das nicht kosten und das nicht berühren" — was alles doch dazu bestimmt ist, verbraucht und damit vernichtet zu werden — entsprechend den Geboten und Lehren der Menschen. Solches hat wohl den Ruf von Weisheit durch selbstgewählten Gottesdienst und demütige Haltung und Kasteiung des Leibes, aber es bringt keine Ehre (vor Gott), sondern dient nur dem Fleisch zur Befriedigung."

Mancher hat gedacht, das Sterben mit Christus und das Auferstehen mit Christus sei ein Vorgang in seiner Seele und hat sich sehr gewundert, daß er in sich selbst immer noch nicht tot und noch nicht völlig in dem neuen Leben Jesu ist. Wer das Sterben mit Christus und das Auferstehen mit ihm als Vorgänge in seinem inneren Menschen versteht, wird in unendliche Not geraten und alles schief sehen. Er erwartet dann, daß er für jede Sünde tot ist und entdeckt, daß das nicht der Fall ist. Dadurch kann er an seiner ganzen Gotteskindschaft irre werden. Er hat erwartet, daß nun nichts mehr in ihm mächtig ist als das Leben Jesu und sieht mit Schmerzen, wieviel anderes noch Macht über ihn hat. Für den Teufel aber ist dies ein willkommener Anlaß, ihn zu belügen und ihm zu sagen: du bist noch nie wirklich ein Jünger Jesu gewesen.

In Wahrheit ist das Sterben mit Christus und das Auferstehen mit ihm ein geschichtlicher Vorgang, der sich vor 1900 Jahren begab und ganz unabhängig von uns ist. Er bezieht sich auch nicht nur auf die, die heute Christus angehören, sondern auf alle Menschen. Wir sind alle mit Christus gestorben und alle mit Christus auferstanden. Das ist eine geschichtliche Tatsache.

Was bedeutet aber dieser eigentümliche Ausdruck: „gestorben mit Christus"? Das will besagen, daß mit dem Tod Jesu über uns alle das Todesurteil von Gott her ausgesprochen ist.

Wenn der Christus, Gottes Sohn, um unseretwillen sterben mußte, dann ist damit eindeutig festgestellt, daß unsere gesamten frommen Bemühungen ein großer Bruch sind, der vor Gott nicht zureicht. Hätte irgendein Stücklein unserer Frömmigkeit vor Gott bestehen können, dann hätte Christus nicht für uns sterben müssen. Aber es gibt nichts in aller menschlichen Religion, was uns in die Gemeinschaft mit Gott bringen kann. Es ist alles Bruch, alles befleckt, alles unzureichend vor Gott.

Das wird am Kreuz Jesu ein für allemal festgestellt. Mit seinem Tod sind wir gestorbene Leute, die das Todesurteil Gottes über ihr ganzes Leben und all ihre Frömmigkeit empfangen haben und wissen, daß sie vor Gott erledigt sind — auch bei der ernstesten Frömmigkeit. Vor Gott ist alles nur ein Scherbenhaufen. Unsere ernstesten frommen Bemühungen und Gottesdienste sind schlechterdings vor Gott unzureichend. Das spricht der Tod Jesu aus, der nur deshalb notwendig wurde, weil es keinen anderen Weg zu unserer Rettung gab. Der Tod Jesu stellt unseren Tod vor Gott fest. Wir sind mit ihm gestorbene Leute.

Das ist in Wahrheit das Ende aller Religion. Damit sind wir weg von den Grundelementen der üblichen religiösen Welt. All unsere religiösen Anstrengungen, Gedanken und Handlungen sind erledigt. Wir haben nichts mehr in der Hand, was wir vor Gott bringen könnten, und geben jede Hoffnung auf, jemals von uns aus ein religiöses Leben zu gestalten, das vor Gott bestehen könnte. Nun ist es vorbei mit allen frommen Satzungen und Stilarten, durch die sich Menschen die Gemeinschaft mit Gott gewinnen wollen. Nun ist es radikal aus mit allen frommen Leistungen des Menschen, die vor Gott irgend etwas bedeuten könnten. Die üblichen religiösen Gebote und Lehren der Menschen gehören einer vergangenen Welt an, die aber sehr zäh ihr Scheindasein aufrechterhalten will.

Dabei hat diese vergangene Welt der menschlichen Religion einen guten Bundesgenossen in uns. Wir wollen alle nicht bettelarm vor Gott werden und allein auf Jesus Christus unsere Hoffnung setzen. Wir möchten doch wenigstens gern etwas dazu beitragen, daß Gott uns vergeben und uns als seine Kinder annehmen muß. Unsere Religion soll doch nach etwas klingen und aussehen. Sie soll uns selbst befriedigen und uns in unserem Selbstbewußtsein heben.

Paulus sagt: das alles ist selbstgewählter Gottesdienst, selbstgemachte Niedrigkeitsgesinnung, selbstgemachte Aske=se, die vor Gott nicht den geringsten Wert hat. Vor ihm ist all unser religiöses Bemühen nur Plunder. Die gesamten Kon=struktionen der menschlichen Religion dienen nur zur Be=friedigung der eigenen Person und sind nie echter Gottes=dienst, der für sich nichts will, sondern nur Gott dienen möchte.

Radikaler konnte das Todesurteil über all unsere religiösen Bemühungen vor und nach der Bekehrung nicht gesprochen werden als durch den Tod Jesu. Seitdem steht für alle Zeiten fest, daß wir nie etwas in der Hand haben werden, was wir vor Gott präsentieren könnten. Wir sind gestorbene Leute, die nichts mehr vor Gott zu melden haben und vor ihm mit all unserer Frömmigkeit erledigt sind.

Auch dort, wo eine echte Wiedergeburt von Gott gewirkt wurde und wir in das neue Leben mit Christus gestellt wor=den sind, ist die Versuchung immer unmittelbar da, daß wir doch wieder ein Stück Religion konstruieren und etwas ge=stalten möchten, mit dem wir uns vor Gott sehen lassen könnten und das uns ein Stück Fundament für die Gemein=schaft mit ihm werden soll. Es ist merkwürdig, wie schnell der Mensch sich nach seiner Bekehrung von dem Todesurteil Gottes erholen kann, das wir in jeder echten Bekehrung für uns empfangen.

Alles aus dem Leben der Gemeinde Jesu, was an sich echt und notwendig ist, kann diese falsche Bewertung von uns empfangen: Heiligung und Geistesgaben, Gemeindeaufbau und Zeugendienst, Sakrament und reine Lehre, Bekenntnis und Kirchenverfassung – es gibt schlechterdings nichts, was davor sicher wäre, daß wir es nicht aufs neue zur frommen Leistung und Grundlage unserer Gotteskindschaft machen wollen. Und es bleibt doch auch in dem besten Fall alles ein Stückwerk, ein Fragment, das in seiner Unzulänglichkeit tau=sendfältig der Vergebung Gottes bedarf. Wir müssen eisern und klar in uns verankern, daß auch in dem Menschenleben nach der Bekehrung nichts ist, was wir vor Gott als „heilig", rein und zureichend präsentieren können. Es gibt nie von uns aus irgend etwas, was Begründung unserer Bürgerschaft in der Gemeinde des Christus werden könnte. Die einzige Be=gründung ist und bleibt in Ewigkeit er selbst.

3. Kapitel

Der auferstandene Herr – die totale Quelle des Lebens seiner Gemeinde

Kol. 3, 1–4

> Kol. 3, 1: „Folglich, wenn ihr mit dem Christus auferweckt wurdet, so laßt eure innere Blickrichtung auf das gehen, was droben ist, wo der Christus sich befindet, der zur Rechten Gottes sitzt."

Mit Christus auferweckt: das ist die große Ermöglichung allen Lebens mit ihm von Gott her. Was am Ostermorgen durch Gottes Tat geschah, hat ein für allemal die neue Lebensmöglichkeit seiner Gemeinde begründet. Dieses Leben, das in Christus lebt, ist nun für uns alle da. Wir sind in die Ostertat Gottes, die er an Christus vollzog, ganz mit eingeschlossen: „Auferstanden mit Christus."

Der lebendige Herr ist nun unser Leben. Darum geht unser Blick nach oben und zu ihm hin. Darum geht unser Blick nicht mehr auf die frommen Veranstaltungen der menschlichen Religionen. Wir wissen, daß darin doch kein Leben ist. Unser Blick geht dorthin, wo Christus ist, der sich zur Rechten Gottes befindet.

Diese Stellung zur Rechten Gottes gibt Christus den vollen Anteil an dem ganzen Leben, das in Gott lebt. Er ist der, durch den Gott handelt, durch den er das Leben schenkt, durch den er den ganzen Strom seines Lebens zu der Gemeinde leiten will. Wie sollten wir noch auf all das, was zum Wesen der menschlichen Religion gehört, unseren Blick richten können statt allein auf Christus.

> Kol. 3, 2: „Faßt das ins Auge, was droben ist, nicht das, was auf Erden ist, denn ihr seid gestorben und euer Leben ist verborgen mit dem Christus in Gott."

Auf Erden sind die menschlichen Religionen. Auf Erden ist das, was wir in der Nachfolge Jesu gestalten. Auf Erden ist aller Dienst, den wir für Christus tun. Auf Erden vollzieht sich das Leben, das wir von Herzen gern unserem Herrn weihen und heiligen möchten. Das alles hat seine wesentliche Bedeutung, aber Lebensquell der Gemeinde ist es nicht. Lebensquell der Gemeinde Jesu ist nur das, was droben ist: ihr lebendiger Herr. Dorthin geht ihr Blick. Darum heißt es

Hebr. 12, 2: „Lasset uns aufsehen auf Jesus, den Anfänger und Vollender des Glaubens."

Wir sind gestorben und erledigt mit all unseren frommen Bemühungen und Leistungen. An die Gemeinde des Herrn Christus hat Paulus dieses kurze inhaltschwere Wort geschrieben: „Ihr seid gestorben." Auch die glaubende Gemeinde hat in sich und allem, was sie gestaltet, nicht das Leben.

„Unser Leben ist verborgen mit dem Christus in Gott." Wir können unser neues Leben und seine Quellen nicht für jedermann sichtbar machen. Wir können es nicht in imponierenden Gottesdiensten und großen Kirchen darstellen, aber auch nicht in einer kleinen auserlesenen Schar und einer besonders ernsten Frömmigkeit. Wo das versucht wird, ist man jedesmal einer Täuschung anheimgefallen und doch wieder auf den Wegen der vergangenen Welt der menschlichen Religion.

Wer das Leben der Christen, ihre Gottesdienste, ihre Gemeinden, ihre Kirchen unter die Lupe nimmt, wird so viel Sünde und Zukurzkommen wahrnehmen. Es bedarf des besonderen Blicks des Geistes, der dem Wiedergeborenen eigen ist, um durch all diese Verdunklungen und Verhüllungen hindurch das verborgene Leben mit Christus wahrnehmen zu können, das wirklich da ist und mit dem Christus in dem lebendigen Gott seine Heimat hat.

Es ist uns ein großer Schmerz, daß die Bruchstückhaftigkeit und der vielfältige Mangel unserer Nachfolge Jesu so offenkundig ist und viele abhält, der Botschaft von Christus zu trauen. Man könnte sich denken, daß seine Gemeinde ihn mehr verdunkelt als enthüllt. Und doch ist es uns eine selige Gewißheit und tiefe Freude im Heiligen Geist, daß wir bei all unserer Unzulänglichkeit in diesem tatsächlichen, verborgenen Umgang mit Christus und dadurch in der Lebensgemeinschaft mit Gott stehen dürfen.

Das macht uns nicht hochmütig und pharisäisch. Es demütigt uns beides: unsere Unzulänglichkeit und die Güte Gottes, die uns in diesen verborgenen Umgang mit Christus gestellt hat. Was sind wir froh, daß wir nicht selbst mit unserem neuen Leben Fundament der Gemeinschaft mit ihm sein sollen, sondern daß immer und ewig Christus allein, das Haupt der Gemeinde, unser Lebensgrund ist, weil er als der Herr zur Rechten Gottes über das ganze Leben aus Gott für seine Gemeinde verfügt.

Für unser menschliches Auge ist er verhüllt. Im Geist und im Glauben wissen wir um ihn als den Herrn der Herrlichkeit, als den Fürsten des Lebens, als das einzige Fundament seiner Gemeinde. Der verborgene Umgang mit ihm ist ihr Gottesdienst, ihr Kultus. Nur soweit dieser verborgene Umgang mit ihrem verborgenen Herrn die gottesdienstlichen Formen seiner Gemeinde durchzieht, ist in ihnen Leben aus Gott.

> Kol. 3, 4: „Wenn der Christus enthüllt wird – er, unser Leben, dann werdet auch ihr mit ihm enthüllt werden in Herrlichkeit."

Die neuen Brüder in Kolossä wollten in der Art ihrer Gottesdienste, in der Gestaltung ihres Kultus, in der Stilgebung ihrer Nachfolge Jesu jetzt schon die Herrlichkeit der Kinder Gottes offenbar machen. Sie haben seitdem viele Nachahmer gefunden, die dasselbe versuchten. Und es war doch alles in Gottes Augen nur unzureichendes Menschenwerk.

Aber es kommt ein Tag, an dem die Herrlichkeit der Gemeinde Jesu enthüllt werden wird: wenn Christus ihr Herr aus seiner Verborgenheit hervortritt und aller Welt als der Herr der Herrlichkeit sichtbar wird.

Dann wird auch die verborgene Herrlichkeit seiner Gemeinde enthüllt werden. Dann wird all ihre Krüppelhaftigkeit und Stümperei ein Ende haben. Dann wird offenbar werden, daß durch alle Kümmerlichkeit des heutigen Lebens seiner Gemeinde sich doch schon die Herrlichkeit Jesu hindurchzog, weil er in ihr gegenwärtig ist und er unser Leben wurde.

Bis zu diesem Tag, an dem Christus in Herrlichkeit erscheint, bleibt seine Gemeinde auf Erden ein armes Gebilde in Knechtsgestalt. Nur dem kundigen Auge ist die Gegenwart Jesu in ihr wahrnehmbar und ein tiefer Grund zur Anbetung, daß er es nicht verschmäht, in seiner Gemeinde gegenwärtig zu sein, die es ihm so schwer macht.

Darum verzichtet aber seine Gemeinde auch ganz bewußt darauf, in irgendeiner Weise der Welt durch ihre Lebensgestaltung imponieren zu wollen. Sie geht bewußt und still den Weg des gekreuzigten Herrn und weiß voll Dank um ihr verborgenes Leben mit Christus. Sie sucht auch nicht mehr Quellen in sich und ihrer Frömmigkeit, sondern ist voll Dank und Anbetung darüber, daß Jesus Christus ganz allein, aber wirklich unser Leben ist.

III. Teil

EIN LEBEN UNTER DEM EINFLUSS JESU

Kol. 3, 5–4, 18

In einer gewaltigen Schau hat Paulus uns die Absolutheit des Herrn Christus gezeigt, wie er in jeder Hinsicht die einzigartige Gabe Gottes an seine Gemeinde ist, mit der nichts anderes, was der Gemeinde gegeben ist, auch nur annähernd gleichgesetzt werden kann. Er ist das alleinige Fundament ihres Glaubens und ganzen Heils. Er und die Lebensgemeinschaft mit ihm ist ihr ganzer Gottesdienst, ihr eigentlicher und wesentlicher Kultus. Nichts in der Gemeinde kann irgendwie neben ihn treten. Er ist der absolute Inhalt des Evangeliums. Alles, was wir an erkenntnismäßigen und kultischen Ausdrucksformen haben, um das Evangelium von Jesus Christus auszusprechen, liegt auf einer ganz anderen Ebene und ist mit ihm selbst nie in Parallele zu setzen. Alle Ausdrucksformen der Botschaft von Christus in Lehre und Kultus haben nie Heilswert in sich und können Christus selbst nie ersetzen.

Obwohl wir all diese Ausdrucksformen nicht entbehren können und uns mit großem Ernst darum bemühen, daß der theologische und kultische Ausdruck für die Botschaft von Christus ihm entsprechend, wirklich christusgemäß sei, wissen wir doch nach 1. Kor. 13, daß all unsere Ausdrucksformen auf Erden Stückwerk bleiben und daß er immer größer ist als alles, was wir von ihm in Lehrbildung und gottesdienstlichen Handlungen zum Ausdruck zu bringen vermögen.

Das nimmt der Erkenntnisbildung und der Lebensgestaltung der Gemeinde in Gottesdienst und Gemeindeaufbau nicht den Wert, sondern verstärkt nur unsere Verantwortung und unser heißes Bemühen, die Fehllinien und Kümmerlichkeiten unseres theologischen (d. h. erkenntnismäßigen) und kultischen (d. h. gemeindemäßigen) Ausdrucks der großen Botschaft von dem einen Erlöser nach besten Kräften zu überwinden. Es ist wahrhaftig nicht nur eine Sache von Theologen, sondern der gesamten glaubenden Gemeinde in all ihren Gliedern, in Verkündigung und Gemeindeaufbau im lebendigen Ringen zu bleiben, daß beides die Absolutheit und Ein=

zigartigkeit des Herrn Christus je länger je mehr zum Ausdruck bringt.

Der Blick in die unsichtbare Welt Gottes, der Blick auf den unsichtbaren Herrn zur Rechten Gottes, der Blick auf ihn, den Unsichtbaren, der allein unser Leben ist, schloß die gewaltigen Ausführungen des Paulus ab. Manchem mag bei seinen Linienführungen schwindlig, um nicht zu sagen unheimlich geworden sein. Es zerbrach alles, was wir tausendfältig aus der Welt der Religionen auch in den christlichen Kirchen und der glaubenden Gemeinde mit uns schleppen. Es blieb in kristallener Klarheit nur Jesus Christus als der eine ruhende Pol seiner Gemeinde und der eine Brennpunkt in Botschaft und Leben übrig. Alles andere wurde in der Glut des Evangeliums, das nur ihn enthält, eingeschmolzen.

„Christus – unser Leben": mit diesen beiden Worten brachte Paulus im letzten Satz seiner Ausführungen alles, was er von Christus zu sagen hatte, auf den knappsten klassischen Ausdruck. Das war es, was er der Gemeinde erhalten wollte, daß Jesus unser Leben total ist. Das war es, was der Gemeinde verdunkelt zu werden drohte, daß er schlechterdings in allem und jedem unser Leben ist. Darum richtet Paulus zum Abschluß unseren Blick auf den erhöhten Christus in seiner verborgenen Herrlichkeit, auf ihn als das tatsächliche Haupt seiner Gemeinde, von dem sie all ihr Leben empfängt.

Manchem war bei den kühnen Ausführungen des Paulus vielleicht so zumute wie einem Menschen, der zum ersten Mal in ein Flugzeug gestiegen ist und erlebt, wie der Pilot höher und höher steigt, bis alle Wolkenbildungen hinter ihm liegen und das Flugzeug majestätisch in hellem Sonnenglanz seinen Kurs steuert. Über ihm der klare, blaue Himmel, unter ihm ein Wolkenmeer. Bei solchem Flug wird der eine ängstlich und besorgt, ob das auch gutgehen könnte, während der andere jauchzt vor Freude ob der großen Schau und der Reinheit und Klarheit, in die er unter dem blauen Himmel im strahlenden Sonnenglanz hoch über allen Wolken gestellt worden ist.

So mag auch vielen unter uns zumute sein, wenn das Evangelium von der Absolutheit und Einzigartigkeit des Christus uns aus allen Niederungen und Wolkenbildungen der üblichen religiösen Welt mitnimmt und in die sonnenhelle Klarheit und Reinheit der Botschaft stellt, die nichts enthält als Jesus allein.

Ich könnte mir aber auch denken, daß manche besorgt sind, allen festen Grund unter den Füßen zu verlieren, wie es uns im Flugzeug ergeht, wenn es uns mit in die Höhe nimmt. Aber hier versagt der Vergleich. Das Flugzeug schwebt in der Tat frei in der Luft und hat keinen tragenden Grund, einerlei, ob es noch in den Niederungen in der dunklen Wolkenbildung oder über allen Wolken im hellen Sonnenschein ist. Der Höhenflug des Evangeliums von „Christus allein" aber nimmt uns nicht den tragenden Grund, sondern ist der einzige Weg, um uns tatsächliches Fundament in Christus zu geben. Alles andere, was in Erkenntnisbildung, kultischer Formgebung und Gemeindeaufbau so stabil und solid aussieht, ist doch im Blick auf seine Tragfähigkeit eine Täuschung. Tragfähigkeit besitzen nicht die mannigfaltigen Verkündigungsformen in Lehre und Kultus, sondern allein der, von dem sie zeugen.

Darum hat uns Paulus mit seiner großen Schau nicht in ein phantastisches theologisches Wolkenkuckucksheim geführt, sondern umgekehrt, von allen Scheinbildungen hinweg zu dem einzigen, echten, wirklichen Fundament. All unsere Ausdrucksformen in Wortverkündigung, Gottesdienst und Gemeindeaufbau würden zu Scheinbildungen, wenn sie behaupten wollten, Leben in sich selbst zu haben und in sich Quelle des Lebens der Gemeinde sein zu können. Sie sind keine Scheinbildung, sondern etwas Echtes und Notwendiges, ohne das man die Botschaft nicht ausrichten und den Aufbau der Gemeinde nicht gestalten kann, wenn sie eindeutig zum Ausdruck bringen, daß sie nur Wegweiser sind, auf denen mit klarer Aufschrift ein einziges Wort steht: „Christus". Zu ihm wollen sie alle hinweisen, weg von sich selbst. Solch echter Wegweiser ist kein Schein, sondern lebensnotwendig für die Gemeinde; aber doch nur Wegweiser, der auf die eigentliche Quelle alles Lebens hinweist — nie Quelle selbst.

Nicht eine phantastische Spekulation, sondern solch ein echter, solider, klarer Wegweiser zum wirklichen Fundament ist die Schau, die Paulus uns entwickelte. Er ist kein Schwärmer, sondern der Verkündiger der großen Objektivitäten, der Tatsächlichkeiten im Reiche Gottes. Schwärmerei ist alles, was die Fundamente in den üblichen Linien der menschlichen religiösen Welt sucht. Schwärmerei ist alles, was sich auf das gründen will, was die seelischen Funktionen des Menschen — Denken, Empfindung, Wille — hervorzubringen vermögen, sei es gute, gedankliche, theologische Arbeit, sei es gediegene ästhetische Formung des Gottesdienstes, sei es entschlossene willensmäßige Prägung der Nachfolge Jesu. So wichtig dies alles ist, so gehört es doch in die Welt der Psyche, der Seele, und wird zur seelischen Schwärmerei, wenn es behauptet, selbständigen Wert in sich zu haben und tragender Grund und Quellort unserer Gemeinschaft mit Gott sein zu können. Dies alles kann nur dienende Funktion haben und ist in dieser dienenden und helfenden Funktion unentbehrlich. In der dienenden, helfenden Funktion leitet dies alles zu dem einen hin, der allein die große objektive Wirklichkeit ist: Jesus Christus, der lebendige Herr zur Rechten Gottes.

Paulus hat uns wahrhaftig nicht in einen luftleeren Raum gestellt und uns phantastische Konstruktionen vorgezaubert. Er hat uns vielmehr aus aller religiösen Scheinwelt in die Welt des Reiches Gottes mit ihren großen objektiven Tatsachen geführt und an den einen gebunden, dem allein die Wirklichkeit des Lebens aus Gott eignet. Das erkennen wir vollends deutlich, wenn er nun im letzten Teil die Schlußfolgerungen aus der großen Schau des Evangeliums von Jesus Christus für das praktische Leben seiner Gemeinde, für den nüchternen Alltag zieht.

Für den, den die ersten Teile des Kolosserbriefes wie überstiegene Gedankenbildung und Spekulation anmuteten, kommen die Schlußfolgerungen des dritten Teils wie ein Sturz aus schwindelnder Höhe in die Tiefe vor. Es ist ihm zumute, als ob er unerwartet und urplötzlich eine eiskalte Dusche bekommt, die ihn aus überstiegenen Schwärmereien in die nüchterne Wirklichkeit des Lebens zurückbringt.

Wer aber erfaßt hat, daß Paulus uns in nüchternster, solidester Weise auf das einzig wirkliche Fundament gründete, für den ist die Linienführung des dritten Teils die ebenso nüchterne, solide Fortführung, die sich folgerichtig aus den beiden ersten Teilen ergibt.

Die Botschaft von der Absolutheit und Einzigartigkeit Jesu, der verborgene Umgang mit dem unsichtbaren Herrn versetzt uns nicht in eine schwärmerische, weltenferne Mystik, sondern stellt uns in die tatsächliche Gemeinschaft mit Jesus Christus, der als das Haupt der Gemeinde ihr treuer, aber unerbittlicher Seelsorger ist. Er hat nicht die Absicht, unsere Seele in begeisterte religiöse Schwingungen zu versetzen, sondern er will dorthin vorstoßen, wo das Zentrum unserer Persönlichkeit ist: ins Gewissen. Er will uns an der entschei=

denden Stelle umformen und uns eine andere Prägung geben. Er will uns nicht „fromm", nicht „religiös" machen, sondern zu ganz natürlichen Menschen, für die er der Herr ihres Alltags sein kann.

Die Gemeinschaft mit dem unsichtbaren Herrn, der Geist ist wie Gott, bedeutet, daß Jesus immer und überall bei uns ist und sein Einspruchsrecht in allen Dingen unseres Lebens geltend macht. Es gibt kein Lebensgebiet, in das er nicht hineinspricht. Es gibt keine Fragestellung, bei der wir nicht auf ihn zu hören haben. Es gibt keinen Wesenszug in unserem Charakter, den er nicht zu bestimmen hat. Das alles ist uns keine Last und Bedrückung, sondern tiefste Befreiung. Jesus wird nicht der Diktator unseres Lebens, sondern der treue Herr, der lebendige Meister, der gute Hirte, auf dessen Befehle wir mit Freuden hören. Seine Befehle sind immer ausgezeichnet. Unser Leben wäre schöner, echter, glücklicher verlaufen, wenn wir ihn immer gefragt hätten und ihm immer gefolgt wären. Je tiefer Jesus der Herr unseres Alltags und unseres ganzen Wesens wird, desto froher und fruchtbarer wird unser Leben.

Darum ist die Art, wie Paulus jetzt die Folgerungen aus seiner großen Schau für Christus zieht, für uns nicht überraschend, sondern nur folgerichtig. Was ist er für ein nüchterner Mann und echter Seelsorger. Wie gehen für ihn die Verbindungslinien von Christus, dem Herrn der Herrlichkeit, sofort in die wichtigsten Lebensgebiete. Er weiß, daß dieser Herr zur Rechten Gottes mit der Sprache seines Geistes in die dunkelsten Gebiete unseres Lebens vorstößt, weil dort unsere eigentliche Not, unser wirkliches Unglück sitzt. Er will uns nicht mit ein paar neuen Gedanken und religiösen Lebensformen abspeisen, sondern die echte Quelle eines echten neuen Lebens werden. Er will uns von dem lösen, was unser Wesen und unser Leben vergiftet und uns in ein gesundes, gelöstes, wirklich frohes Leben führen.

1. Kapitel

Der Einfluss Jesu auf unsere persönliche Prägung

Kol. 3, 5–9 a: „Folglich (weil Christus jetzt euer Leben ist), tötet die Glieder, die auf Erden sind:
(1. sexuelle Sünden) Unzucht, Unreinigkeit, Leidenschaft, böse Lust und

(2. Sünden des Geldes) die Habgier, welche Götzendienst ist – um welcher Dinge willen der Zorn Gottes kommt; in denen auch ihr einst gewandelt seid, als ihr in diesen Dingen euer Lebenselement hattet; jetzt aber legt auch ihr das alles ab –

(3. Sünden des Temperaments) Zorn, Groll, Boshaftigkeit,

(4. Sünden der Zunge) Schmähwort, schändliche Worte aus eurem Munde; lüget nicht gegeneinander."

Paulus weiß um die gefährlichen Gebiete unseres Lebens. Er weiß um die Einbruchstellen der dunklen Mächte. Er kennt sich selbst und seine Brüder und Schwestern. So kann nur einer schreiben, der in einer heißen Schlacht um seine eigene Person steht. Das kann man nicht aus der Theorie und vom Hörensagen wissen. Das lernt man nicht aus Büchern. Das alles wüßte Paulus nicht, wenn er ein Mann der Theorie oder der Sündlosigkeit wäre.

Er weiß wohl um die große Hilfe von Christus. Er weiß um seine lebenserneuernden Kräfte. Er weiß, wie er uns in sein Leben von Klarheit zu Klarheit umwandeln will. Er weiß um das treue Werk Jesu in allen Gliedern seiner Gemeinde. Er weiß: der, der in uns das gute Werk angefangen hat, der wird es vollenden.

Er weiß aber auch um die Tiefen unseres Wesens, aus denen jederzeit unheimliche Dinge hervorbrechen können. Er weiß um „die feurigen Pfeile des Bösewichts", um die dunklen Mächte, die unser Leben überfallen und gefährden. Das alles weiß man nur, wenn man selbst in diesem Kampf steht und in ihm Narben und Wunden davongetragen hat, wenn man sich selbst beugen und schämen mußte, weil die Sünde einen überwältigt hat.

Vier große Lebensgebiete nennt Paulus: die Welt des geschlechtlichen Lebens, die Welt des Mammons, die Ausbrüche unseres Temperaments und all das Schmerzliche, das unsere Zunge anrichtet.

Paulus stellt nüchtern und sachlich fest, daß um dieser Dinge willen der Zorn Gottes kommt.

Das gilt für die, die Christus fern sind, und für die, die Christus nahe sind. Gott übersieht keine Sünde im Leben seiner Kinder. Wer durch Christus sein Kind geworden ist, sollte sich tiefer vor aller Befleckung mit Sünde fürchten denn je zuvor. Er weiß, daß das Auge Gottes auf ihm ruht und bis in das Verborgene seines Lebens sieht.

Das sexuelle Leben ist eine heilige, reine Gabe Gottes. Es ist die Ordnung seiner Schöpfung, daß Mann und Frau sich zur Ehe verbinden und Kindern das Leben geben sollen. Ihre leibliche Gemeinschaft ist reiner, heiliger Ausdruck der inneren Gemeinschaft. Das sexuelle Leben ist heiliges Land, aus der reinen Hand des Schöpfers hervorgegangen. Alles in ihm ist sauber und klar. Nichts Unreines und Häßliches haftet ihm an.

Das Unreine und Häßliche hat erst der Mensch in dieses heilige Gebiet hineingetragen. Er verwandelte es durch seine Zuchtlosigkeit in ein Sumpfgebiet, in dem Tausende erstickt und untergegangen sind.

Christus, der Herr seiner Gemeinde, möchte ihr mit seinem Leben zu Hilfe kommen, daß dieses befleckte und versumpfte Lebensgebiet wieder sauber, klar und heilig wird.

Wie schön ist es, wenn ein junger Mensch in der Kraft Jesu die Schlacht um dieses Gebiet schlägt und eine echte Zucht gewinnen möchte. Die mannigfachen Niederlagen und Schmerzen, die er dabei erlebt, können nicht verdunkeln, wie ein junger Mensch unter dem Einfluß Jesu ein anderer wird und von ihm eine saubere und reine Atmosphäre ausgeht. Er selber mag viel Not mit sich haben. Ihm selbst mag der Kampf manchmal hoffnungslos vorkommen. Er ahnt nicht, wie tief ihn die Aufnahme des Kampfes verändert hat und wie Christus dies Lebensgebiet in ihm heiligte, so daß er trotz aller schmerzlichen Erscheinungen, die er noch tief empfindet, in seinem Wesen ein anderer geworden ist. Er hat sein Lebenselement nicht mehr in dem sexuellen Schmutz, sondern in der Reinheit Jesu, wenn auch manches Häßliche noch über den neuen Deich spritzt, wie die Sturmflut an der Nordsee auch je und dann den Deich überspült. Das Neuland ist dennoch gewonnen.

Welch eine Freude ist es, wenn zwei junge Menschen sich blank und klar am Tag der Vermählung die Hand reichen können, weil die Kraft des Lebens Jesu sie vor vielem Schmerzlichen bewahrte. Und wenn es anders gewesen ist, bleibt es etwas Besonderes, wenn zwei junge Menschen, die einander die Hand fürs Leben reichen wollen, imstande sind, eine gegenseitige Beichte abzulegen, die kund macht, daß trotz aller bitteren Narben auf dem Gebiet des sexuellen Lebens dennoch ein Neues eingezogen ist.

Wie schön und reich ist eine Ehe, in der das verborgene

Leben der Ehe unter den Einfluß und die Zucht Jesu gestellt wird. Er als der lebendige Herr vermag durch seinen Geist auch in Lebensgebiete hineinzusprechen, für die es keine geschriebenen Gesetze und festen Formeln gibt. Er vermag seine Kinder durch den Geist in alle Wahrheiten zu leiten. Sie werden gerade auf diesen verborgensten Lebensgebieten treu von ihm beraten werden und seine Stimme in oft erstaunlicher Klarheit hören, wie er mahnt und hemmt, wie er leitet und Mut macht.

Es ist nicht überraschend, daß Paulus das Gebiet des sexuellen Lebens als das schwerste und gefährlichste Lebensgebiet an erste Stelle stellt. Überraschend aber ist es, daß die Welt des Geldes und des Besitzes als zweite folgt. Das muß uns aufhorchen lassen und zu einer ernsthaften Überprüfung leiten, ob Paulus auch im Blick auf unsere eigene Person recht hat, daß Geld und Besitz so gefährlich sind.

Dabei ist das Ausmaß des Besitzes gleichgültig. Geld kann unheimlich fesseln, ob es wenige Mark oder Tausende sind. Geld stürzt Christen und Nichtchristen in viel Schuld. Geld kann Christen und Nichtchristen zu unglaublichen Dingen fähig machen. Jede Schuld auf diesem Gebiet — und wenn es um Pfennige geht — ist ein Betrüben des Geistes Gottes und eine Hemmung für das Leben aus Christus. Unfreiheit vom Geld kann die gesamte innere Entwicklung eines Jüngers Jesu unterbinden und ihn zum Zerrbild eines Christen machen.

Es ist eine tiefe Freude, Menschen zu begegnen, die durch den Einfluß Jesu von der Macht des Geldes und Besitzes gelöst worden sind, die besitzen, als besäßen sie nicht, und mit königlicher Freiheit über Geld und Besitz für das Reich Gottes und ihre Mitmenschen verfügen. Das sind seltene Menschen. Nicht wenige Jünger Jesu sind hier gefesselt und leiden dadurch in ihrer geistlichen Entwicklung tiefen Schaden.

Christus möchte uns zu Menschen machen, die nicht mehr Besitzer, sondern Haushalter über das sind, was ihr Herr ihnen anvertraut. Sie wissen, daß ihnen nichts selbst gehört. Alles gehört ihrem Herrn. Er hat sie zu Verwaltern eingesetzt über das, was er ihnen anvertraute. Ob es ein kleines Einkommen ist oder ob es sich um große Kapitalien handelt, ob wir ein paar Quadratmeter oder riesige Ländereien unser eigen nennen, es gehört uns niemals selbst. Es gehört alles unserem Herrn.

Für ihn und unter seiner Leitung möchten wir alles jetzt verwalten. Wieviel Not unter den Menschen und wieviel Verkürzung der Reichsgottesarbeit würde aufgehoben, wenn alle Kinder Gottes von Geld und Besitz gelöst wären und als echte Verwalter recht damit umgingen. Ich habe eine kleine Kirche kennengelernt, deren Mitgliederzahl nicht groß war, aber in der dieses Lebensgebiet wahrhaft unter Christus gekommen war. Wieviel Geld stand ihnen zur Verfügung, weil sie nicht aus Zwang und Gesetz, sondern aus Freude und Freiwilligkeit den Zehnten gaben; manch einer mag in seiner Liebe zu Jesus hierüber noch hinausgegangen sein. Welch ein sichtbarer äußerer Segen lag über dem wirtschaftlichen Leben der Glieder dieser kleinen Kirche. Unser Herr läßt sich nichts schenken. Er schenkt hundertfältig wieder.

Das dritte Lebensgebiet, das Paulus nennt, ist unser Temperament. Es ist nicht tot durch die Wiedergeburt, denn die Wiedergeburt ist ja nicht eine naturhafte Veränderung des uns angeborenen Wesens, sondern der Beginn unserer Lebensgemeinschaft mit Christus, die Schritt für Schritt unser Wesen verändern will. Unsere Erbmasse wird durch die Wiedergeburt nicht ausgelöscht. Wir bleiben in unserer Erbmasse die alten. Das Neue in der Wiedergeburt ist nicht eine plötzliche Umwandlung unseres Grundwesens; das Neue, das diese zweite Geburt uns bringt, ist einzig und allein Jesus Christus. Darum spricht die Schrift von einer zweiten Geburt, von dem Anfang eines zweiten Lebens, weil Jesus Christus in unsere Lebensgeschichte eingetreten ist und nun sein Werk in uns beginnt.

Darum ist es kein Wunder, daß es im Leben der Jünger Jesu viele schmerzliche Ausbrüche des Temperaments gibt. Der vulkanische Untergrund der alten Erbmasse kann jeden Augenblick hervorbrechen, wenn der verborgene Umgang mit Jesus nicht stark genug ist und wir nicht die Gemeinschaft mit ihm, mit seinem Wort und seinen Kindern so suchen, wie wir sie brauchen.

Aber es gibt wirklich Hilfe von Jesus in diesem schmerzvollen Lebensgebiet des Temperaments. Daß diese Hilfe eingetreten ist und Jesus Christus mit seinem neuen Leben in uns einzog, wird oft nach einer schmerzlichen Niederlage besonders deutlich. Früher konnte man mit Gleichmut über solch einen Ausbruch des Temperaments hinweggehen. Jetzt leidet man schwer an ihm und ist tief betrübt. Jetzt kann man nicht anders, als sich vor seinem Herrn beugen und ihn um Vergebung bitten.

Dabei ist es nicht entscheidend, ob der in uns tobende Zorn praktisch zum Vorschein kam oder in uns verschlossen blieb. Auch der Wutausbruch in uns selbst, dem kein menschlicher Zeuge beiwohnt, wird uns zur schweren Schuld und tiefen Traurigkeit. Wir waren auch in der verborgenen Stunde des Versagens unter den Augen Jesu. Ihm ist nichts verborgen. Er ist wirklich das Haupt seiner Gemeinde, das an allen Lebensäußerungen seiner Glieder teilnimmt. Darum ist uns der verborgene Zornesausbruch ebenso schmerzlich wie der, der nach außen explodierte. Darum werden uns die verborgenen bitteren Gedanken ebenso zur Schuld wie die ausgesprochenen.

Es ist eine große Sache, daß Jesus diese mühevolle, jahrelange Arbeit in den Tiefen unseres Wesens nicht scheut und so treu seinen Kindern zu Hilfe kommt, um auch in den Nöten des Temperaments bis in das Verborgene hinein echte Hilfe zu bereiten. Es gehört zum Schönsten in der Gemeinde Jesu, wenn man Jüngern Jesu begegnet, deren Temperament je länger je mehr unter die Zucht des Meisters gekommen ist, obwohl sie selbst es gar nicht ahnen und noch soviel Not um sich leiden.

Das vierte Lebensgebiet, das Paulus nennt, ist all das Bittere und Schmerzliche, das unsere Zunge anrichtet. Ebenso wie bei den drei vorigen Lebensgebieten denkt er auch hier nicht an Menschen, die fern von Christus sind, sondern an Glieder seiner Gemeinde. Er weiß eben, daß wir alle erst im Anfang des Lebens mit Christus stehen. Er weiß, daß Bekehrung und Wiedergeburt nicht den Abschluß unseres Lebens mit Jesus, sondern den elementaren Anfang bedeuten. Er hat miterlebt, wozu Kinder Gottes fähig sind, wieviel Bitteres sie zueinander reden können, was für harte Worte sie einander zu sagen vermögen. Er weiß, daß sogar die Lüge nicht fern liegt, sondern in das Leben der Gemeinde Jesu eindringt und die Bruderschaft vergiften möchte.

Er weiß aber auch, daß der erhöhte Herr durch seinen Geist in das Gewissen seiner Leute hineinwirkt und ihnen kein häßliches Wort, keine schändliche Rede, keine Lüge durchgehen läßt. Er dringt darauf, daß die Lüge aus dem Leben seiner Kinder verschwindet, daß sie auch eine halbe Wahrheit nicht tragen können. Wie nötigt der Geist Gottes, auch solch halbe Wahrheit richtigzustellen! Wie nötigt er uns, für jedes häßliche, harte Wort um Verzeihung zu bitten. Welch eine

Befreiung ist es, daß alle häßlichen Worte bis hin zur Lüge untragbar werden. Welch eine Befreiung bedeutet es, daß wir einander um Verzeihung bitten und einander Verzeihung gewähren können.

Paulus kennt kein Glied der Gemeinde Jesu, dem diese Dinge fremd sind. Er weiß, daß sie einst alle darin gelebt haben. Er weiß, daß sie bis ans Lebensende eine heiße Schlacht darum schlagen müssen, damit das Leben Jesu auf diesen vier Lebensgebieten sich durchsetzen kann.

Aber ein grundlegender Unterschied ist da: früher waren diese schmerzlichen Dinge unser Lebenselement; jetzt leiden wir unter ihnen und wollen um jeden Preis aus ihnen heraus. Wir können uns in dem, was dem Geist Jesu widerspricht, nicht mehr wohlfühlen. Wir wollen es ablegen und überwinden, weil wir von innen her dazu genötigt werden und nicht anders können. Der aber diese neue Lebensbewegung in Bewegung setzte, Jesus Christus, wird keinen im Stich lassen und nicht müde werden, sondern sein Werk in all seinen Leuten zielstrebig durchführen und vollenden.

2. Kapitel

Der Einfluss Jesu auf das bruderschaftliche Leben seiner Gemeinde

Kol. 3, 9b–16

Ein Imperativ nach dem anderen steht in den Briefen des Paulus. Der Imperativ ist die Befehlsform: „Töte! Lege ab! Zieh an! Lüge nicht! Rede die Wahrheit! Sei gütig, freundlich, barmherzig! Vergebet einander! Wandelt als Kinder des Lichts!" Solche Imperative, solche Befehlsformen haben etwas ungemein Bedrückendes, wenn sie isoliert für sich allein dastehen. Dann wirken sie wie Peitschenhiebe. Was ist es eine schwere Sache, wenn man selbst so müde, so abgekämpft, so traurig über seine Niederlagen ist und dann solch ein Imperativ wie ein harter Befehl, wie ein unerbittlicher Peitschenhieb des Gesetzes auf uns niedersaust. Wir wollten ja so gern, aber wir können nicht. Wir sind so müde von allem Kämpfen.

Darum ist es eine bittere Sache um allen Idealismus, der nur solche Imperative kennt und desto zermürbender wirkt, je höher seine Zielsetzungen sind.

Ganz anders die Welt des Evangeliums. Es ist nicht zufällig, sondern charakteristisch, daß in den Paulusbriefen die Imperative immer erst im zweiten Teil seiner Briefe stehen, nachdem der erste Teil die frohmachende Schau von Christus als der einzigartigen Gabe Gottes entwickelt hat. Auf diesem Hintergrund haben die Imperative einen ganz anderen Sinn. Sie sind noch Befehlsworte, aber zugleich helle Verheißungen unseres Herrn. Er peitscht uns nicht in das neue Leben hinein, indem er uns ein hartes frommes Gesetz nach dem anderen auferlegt. Er weiß, daß das nur unseren Tod bedeuten würde. Daran müßten wir zugrunde gehen.

Jesus schafft zuerst die neuen Voraussetzungen, indem er uns mit großer Vergebung aufnimmt und selbst in uns Wohnung macht. Nun kann aus ihm, der in seinen Kindern gegenwärtig und wirksam ist, all das neue Leben herauswachsen. Das neue Leben ist nicht mehr ein künstliches Produkt qualvoller Anstrengung des Menschen, sondern echte Frucht aus dem innewohnenden Christus.

Dabei ist es ein Geheimnis unseres Herrn, wie er es fertigbringt, uns mit allen Kräften unseres inneren Menschen einzuspannen, obwohl doch eigentlich alles aus ihm herauswächst. Er behandelt uns nicht wie willenlose Knetmasse — und doch ist alles sein Werk. Er hat eine einzigartige Möglichkeit, unseren ganzen Menschen für die Gestaltung des neuen Lebens in Anspruch zu nehmen und doch diesen unseren Einsatz so in seinem Werk zu begründen und mit seinem Werk zu umschließen, daß wir nicht innerlich aufgerieben werden wie im Idealismus, sondern aufleben und froh sind, all unsere Kräfte so einsetzen zu dürfen. Es ist eine echte Freude, in dem Leben mit Christus seine Kräfte so stark regen zu dürfen und eine lebendige Entwicklung unserer Persönlichkeit zu erfahren und doch in all dem nicht verzagt zu werden, weil der verborgene Untergrund, der uns trägt, das Werk des Christus in den Seinen ist. So sind die Imperative des Neuen Testaments keine Imperative, die uns quälen, sondern Verheißungsworte, die uns Mut machen, und doch sind es echte Imperative, die uns zu ganzer Anspannung unseres Willens aufrufen.

Freilich an mancher Stelle, an der in unserer deutschen Übersetzung ein Imperativ steht, steht im griechischen Urtext eine ganz andere grammatische Form. Das trifft für Kol. 3, 9—11 zu. Es handelt sich hier nicht um einen selbständigen

Satz in Befehlsform, sondern durch die grammatische Form dieses Satzes wird zum Ausdruck gebracht, daß hier die Voraussetzung ausgesprochen wird, aus der der Imperativ in Vers 12 erwächst, der nun kein Imperativ des Idealismus mehr ist, sondern ein Imperativ des Evangeliums, der uns aufzeigt, was aus dem Christus als Frucht wachsen will.

> Kol. 3, 9–12: „Als Menschen, die den alten Menschen mit seinen Taten ausgezogen und den neuen Menschen angezogen haben, der zu einer Erkenntnis entsprechend dem Bilde dessen, der ihn geschaffen hat, erneuert wird, wo es nicht mehr Grieche und Jude, Beschneidung und Unbeschnittensein, Barbar, Skythe, Knecht, Freier gibt, sondern alles und in allem Christus,
> ziehet nun als Auserwählte Gottes, Heilige und Geliebte herzliches Erbarmen, Freundlichkeit, Demut, Sanftmut, Langmut an!"

Jesus will inmitten einer ganz andersartigen Welt in seiner Gemeinde eine Insel des Friedens gestalten, auf der nicht mehr der Kampf aller gegen alle tobt, sondern ein Mensch dem anderen in großer Herzensgüte begegnet – mit herzlichem Erbarmen, Freundlichkeit, Demut, Sanftmut, Langmut. Manchem Menschen erscheinen diese Linien schwächlich und für das Leben unbrauchbar. Ich meine, die Geschichte des 20. Jahrhunderts hätte mit ihrer Brutalität uns vor Augen geführt, daß dies die einzigen Linien des Lebens sind, mit denen sich wirklich leben läßt.

Das brutale Sichdurchsetzen, die Rücksichtslosigkeit, mit denen man über den Nebenmenschen und andere Völker und Rassen zur Tagesordnung übergeht, der anspruchsvolle, hochmütige Stolz, das harte, kurzangebundene Dreinfahren sind nicht die Wesenselemente, mit denen die Menschheit ihr Leben erhalten und lebenswert gestalten kann. Jeder einzelne Mensch ist Gold wert, der auf die Lebenslinien Jesu eingeht und ein gütiger Mensch wird, der sich des anderen freundlich annimmt, der herzliches Erbarmen hat, der nicht erster sein will, der in Sanftmut und Langmut zu tragen vermag. Ohne diese Menschen sterben die Völker und die Menschheit. Wenn diese Linien sich nicht in Politik und Wirtschaft durchzusetzen vermögen, ist die Katastrophe des modernen Menschen und seiner Welt unvermeidlich.

Auch in der Gemeinde Jesu gibt es keine anderen Linien, in denen ihr Leben sich gestalten kann. In seiner Gemeinde möchte Jesus wie in einem Modell oder einer Miniaturausgabe darstellen, was einmal im großen Stil durch ihn für die ganze Welt Wirklichkeit wird, wenn er wiederkommt. Er möchte seine Gemeinde im Kleinen und im Großen zu einer wirklichen Familie machen, in der man sich so brüderlich begegnet, wie er uns begegnet, so herzlich einander annimmt, wie er sich unser annimmt, so gütig zueinander ist, wie er zu uns ist.

Die Gemeinde Jesu lebt in jedem einzelnen Ort und der ganzen Welt davon, daß keiner der Erste sein will, sondern jeder die Demut besitzt, hinter dem anderen zurückzutreten. Keiner will etwas Großes sein. Jeder weiß, daß Jesus sein Leben in ihm nur entfalten kann, wenn er in sich ein niedriger und geringer Mensch ist und in dieser Gesinnung mit Sanftmut und Langmut seinen Brüdern und Schwestern begegnet. Darum gehört es zum Wesen der Gemeinde Jesu, daß sich keiner eigenmächtig durchsetzen will, sondern einer auf den anderen hört und sie miteinander in Einmütigkeit unter dem einen Herrn leben wollen.

Sie sind sich bewußt, daß sie durch die Vergebung Jesu, die sie in seine Gemeinde aufnahm, geadelt worden sind und den Namen „Auserwählte Gottes, Heilige und Geliebte" tragen. Dieser Adel verpflichtet zu einer Gesinnung, die der Gesinnung Jesu entspricht. Dieser Adel bedrückt uns aber nicht als harte Verpflichtung, an der wir todwund und müde werden. Dies alles will aus dem neuen Lebensstand heraus wachsen, in dem wir mit Jesus verbunden sind wie die Rebe mit dem Weinstock.

Das war das Große in Bekehrung und Wiedergeburt, die beide denselben Lebensvorgang bezeichnen, je nachdem er vom Menschen oder von Gott her gesehen wird, daß die Tat Gottes es uns ermöglichte, den alten Menschen auszuziehen und den neuen Menschen anzuziehen. Das bedeutet nicht, daß in Bekehrung und Wiedergeburt alles Häßliche, Böse, Niedrige, Alte abgetan wurde und seitdem nur Neues, Schönes, Reines, Gutes in den Kindern Gottes zu sehen ist. Wir haben es mehrfach ausgesprochen, daß Bekehrung und Wiedergeburt keine naturhafte Veränderung unserer Erbmasse und unseres Wesens bedeuten, sondern daß das Neue allein Jesus Christus ist, der mit seiner Vergebung in das Leben eines Sünders eintritt. Es muß mit allem Nachdruck immer wieder klargestellt werden, daß Bekehrung und Wiedergeburt nicht das Ende einer Lebensentwicklung, sondern ihr erster Anfang sind. Darum sind die Jünger Jesu keine perfekten, heiligen und vollendeten Menschen. Darum sehen wir an ihnen viele dunkle und schmerzliche Linien wie an allen Menschen. Und dennoch ist es geschehen, daß sie den alten Menschen ausgezogen und den neuen Menschen angezogen haben. Diese Ausdrücke können zu dem Mißverständnis verleiten, als sei nichts mehr von dem alten Wesen des Menschen da, als atme das ganze Wesen dieses Menschen nur noch die neue Art Jesu. Dieses Mißverständnis ist an mehr als einer Stelle so grundlegend abgewehrt worden, daß es hoffentlich für immer aus unseren Gedanken verschwunden ist.

Der „alte Mensch" mit seinen Taten, mit seiner Art, mit seinem Wesen ist die Grundlage unserer Persönlichkeit, die wir rational, das heißt gedanklich faßbar, nicht mehr beschreiben können. Wir nennen sie „Ich", ohne sagen zu können, was das eigentlich ist, und doch weiß jeder, daß es solch ein Zentrum in uns gibt, eine solche letzte Wurzel, aus der unser ganzer Mensch erwächst. In diese verborgene Zelle unserer Person schaut keiner von uns hinein. Wir können sie gedanklich nicht erklären und nicht beschreiben. In dieser verborgenen Zelle lebt der geheimnisvolle Befehlshaber unseres ganzen Menschen, den wir „Ich" nennen. Bis zur Bekehrung und Wiedergeburt regiert dieses „Ich" unbekümmert, unbeschränkt, ohne jede Hemmungen. In Bekehrung und Wiedergeburt zieht in diese verborgene Zelle, von der alle Befehlsgebung ausgeht, Jesus Christus ein, um das Kommando über diesen Menschen zu übernehmen und fortan sein „Ich" zu werden. Er ist der neue Mensch, den wir in Bekehrung und Wiedergeburt anziehen.

Rätselhaft und geheimnisvoll ist es, daß wir trotzdem nicht zu willenlosen Sklaven dieses neuen Befehlshabers werden und nicht mit einem Schlag automatisch und mechanisch in unserem ganzen Wesen umgeschaltet sind, sondern wirklich als Persönlichkeit noch leben und existieren, obwohl dieser neue Befehlshaber in uns dort eingezogen, wo bisher unser sogenanntes „Ich" hemmungslos regierte.

Jesus will uns nicht automatisch und mechanisch umschalten, so daß wir mit einem Schlag in sein Ebenbild verwandelt würden, sondern in einem organischen Entwicklungsprozeß von Klarheit zu Klarheit schöpferisch umgestalten, bis wir ihm gleich sind.

Darum sagt Paulus, daß der neue Mensch in uns einen

Erneuerungsprozeß durchläuft, obwohl er in Jesus Christus eigentlich vollendet zu uns gekommen ist. Paulus gebraucht nicht die Vergangenheitsform: „der erneuert ist", sondern die Gegenwarts= und Dauerform: „der erneuert wird", um auszudrücken, daß es sich um einen Lebensprozeß handelt, der mit Bekehrung und Wiedergeburt eingeleitet wird und sich durch unser ganzes Leben hindurchzieht, bis er an dem Tag seine Vollendung erfährt, an dem Christus seine ganze Gemeinde vollendet.

Da unsere Entwicklung in unserer Erkenntnisbildung ihren Wurzelgrund hat, hat dieser Lebensprozeß zur Grundlage eine Entwicklung unserer Erkenntnis, mit der wir das Bild des einen in uns aufnehmen, dem wir gleichgestaltet werden sollen. Je tiefer wir Christus erkennen, desto tiefer wachsen wir in ihn hinein. So zu werden wie er, ist das Ziel dieses großen Lebensprozesses. Darum führt er uns zunehmend in die Erkenntnis seiner Person und weiß, daß sich daraus die tiefsten Rückwirkungen auf uns ergeben. Es geht um einen Erneuerungsprozeß hinein in sein Bild und um eine Erkennt=nis, da er zunehmend alles in allem wird.

Das Charakteristische an dem neuen Menschen, den Jesus gestaltet, ist er selbst. Die natürlichen Unterschiede, wie sie durch Beruf, Volk und geistige Bildung gegeben sind, werden durch ihn nicht eingeebnet und aufgehoben, aber sie sind nicht mehr das Wesentliche und bewirken keine Trennungen mehr. Das Wesentliche in seiner Gemeinde ist immer Christus selbst. Daß er in dem einzelnen lebt und arbeitet, ist das Wesentliche, das alle aufs stärkste miteinander verbindet.

Paulus nennt die verschiedenen Prägungen, die in Klein=asien wesentlich waren. Die griechische Bildung beherrschte weite Kreise. Die Religion des Judentums war durch die vie=len jüdischen Kolonien nicht ohne Bedeutung. Für den Juden war es ein radikaler Unterschied, ob ein Mensch zur Syna=goge gehörte und die Beschneidung empfangen hatte oder ob er außerhalb der Synagoge stand und nicht das Merkmal der Beschneidung trug. Neben den Menschen der griechischen Bildung und der jüdischen Religion lebten die weiten Schich=ten, denen die griechische Bildung fremd war und die darum als Barbaren bezeichnet wurden. Für die, die jeglicher Kultur entbehrten, hatte sich die Bezeichnung Skythe eingebürgert. Die große soziale Schichtung aber wurde gekennzeichnet durch den Stand der Sklaven und den Stand der Freien.

Das waren schon gewaltige Unterschiede nach Bildung, Religion, Kultur und sozialer Stellung, die Paulus hier nennt — Unterschiede, die so groß und stark waren, daß sie im Leben oft nicht überbrückt werden konnten. Es ist das Wunder der Gemeinde Jesu, daß in ihr alle zu einer großen Bruderschaft zusammengeschlossen werden, ohne daß die Mannigfaltigkeit der Prägung aufgehoben wird. Es entsteht nicht ein einförmiges Einerlei. Jeder bleibt, was er nach seiner Lebensgeschichte und Prägung ist. Die natürlichen Verschiedenheiten, wie sie auch durch Charakter und Familie gegeben sind, werden nicht aufgehoben. Aber das, was von Jesus Christus dem einzelnen zuteil wird, ist so groß und stark, daß es alle jene tiefen Unterschiede überragt und uns dennoch zu einer großen neuen Gemeinschaft zusammenschweißt. Dieses große Neue, das stärker ist als alle anderen Prägungen, ist Jesus Christus und sein Leben.

Er ist der neue Mensch, der in den einzelnen einzieht und der sie stärker prägt als alles andere. So wesentlich die übrigen Lebenslinien eines Menschen sein mögen, daß Christus in ihm Wohnung gemacht hat und in ihm lebt, ist tausendmal größer. Darum haben alle seine Leute eine solch starke, elementare Gemeinschaft untereinander, weil in ihnen allen Christus gegenwärtig ist. Er ist das, was sie alle gemeinsam haben. Er ist das Band, das sie alle verbindet.

Je stärker das Leben Jesu in den einzelnen Gliedern seiner Gemeinde zur Geltung kommt, desto stärker das Band miteinander. Wo die Gemeinschaft seiner Kinder gehemmt ist, hat dies seine Ursache immer darin, daß die Gemeinschaft mit Christus gehemmt ist und er sich nicht so als den neuen Menschen durchsetzen kann, wie er es möchte. Je mehr er alles und in allem ist, desto lebensmächtiger ist die Bruderschaft, die in herzlicher Liebe, Freundlichkeit, Demut, Sanftmut und Langmut einander begegnet. Er, der in den einzelnen mit seinem Leben wohnt und wirkt, ist die Quelle alles neuen Lebens. Aus ihm wächst das Leben seiner Gemeinde organisch als Frucht heraus.

> Kol. 3, 13: „Als Menschen, die einander ertragen und vergeben, wenn einer eine Klage wider den anderen hat; entsprechend der Tatsache, daß auch der Herr euch vergeben hat, also auch ihr."

Die Vergebung Jesu begründet den Grundcharakter seiner Gemeinde und die Art ihres Lebens miteinander. Alle leben von der großen Vergebung Jesu. Die Not, die wir einander bereiten, wiegt überhaupt nicht gegenüber der Not, die wir unserem Herrn bereiten. Wenn er so gütig und großzügig uns erträgt und uns vergibt, können wir gar nicht anders, als einander mit derselben Vergebung zu tragen.

Es ist selbstverständlich, daß wir in der Gemeinde Jesu viele Nöte miteinander haben und viel berechtigte Klage gegeneinander, denn wir sind Menschen. Aber wir bewerten diese Dinge anders als früher. Wir sitzen nicht mehr übereinander zu Gericht. Wir verurteilen einander nicht. Das, was uns aneinander Not macht, hat keine trennende Wirkung mehr. Wir können einander nur begegnen mit der großen Vergebung und Tragkraft, mit der Jesus uns begegnet. Wo das nicht geschieht, sind wir nicht mehr so in der Seelsorge Jesu, wie es sein sollte. Sonst wüßten wir, wie nötig wir seine Geduld haben und was es bedeutet, daß er uns so trägt, wie wir sind. Dann würden wir auch einander in derselben Weise begegnen, wie Jesus uns begegnet. Alle Gemeinschaft mit Jesus und alle Gemeinschaft in seiner Gemeinde ruht immer nur auf der Vergebung, niemals auf dem, was wir sind.

Kol. 3, 14: „Über dies alles aber die Liebe, welche ein vollkommenes Band ist."

Die Liebe ist noch größer als die Vergebung. Die Vergebung trägt, was schief und krank ist, und rechnet das Böse nicht zu. Die Liebe trägt nicht nur, was wir am anderen entbehren, sondern umschließt ihn mit großer Herzlichkeit und wirklicher Gemeinschaft. Sie ist das schönste und vollkommenste Band.

Die Liebe nimmt den anderen nicht nur zur Not so, wie er ist, sondern liebt ihn von ganzem Herzen. Darum sieht Paulus sie als die Lebensmacht an, die über das Erbarmen, über die Demut, Sanftmut, Langmut und Vergebung hinaus das eigentliche Band ist, das die Gemeinde Jesu verbindet. Es ist wunderbar, daß Jesus eine Liebe ins Herz gibt, wie wir sie von Natur nie haben. Wo er Wohnung macht, da kommt mit ihm auch seine Liebe, die nicht nach den Eigenschaften des anderen fragt, sondern auch den liebt, der gar nicht sympathisch ist.

Obwohl dies alles als Imperativ dasteht, ist es doch kein wirklicher Imperativ. Wie könnte Liebe befohlen werden!

Sie wird aus dem neuen Lebensverhältnis zu Christus geboren. Sie wächst aus der Tatsache, daß Jesus selbst der neue Mensch in den Seinen ist. Weil er mit seiner Liebe in den Seinen lebt, darum kann er uns auffordern, über alles diese seine Liebe als das stärkste Band seiner Gemeinde anzuziehen.

Kol. 3, 15 a: „Und der Friede des Christus soll die allein ausschlaggebende Instanz in euren Herzen sein. In diesen Frieden wurdet ihr auch in einem Leibe berufen."

Es gibt einen doppelten Frieden des Christus: den Frieden mit Gott, den er ein für allemal als feste Tatsache durch sein Versöhnungswerk am Kreuz schuf, und den Frieden, den er in die Herzen seiner Kinder geben kann.

Der erste Friede, der Friede vom Kreuz, den er für immer und ewig schuf, ist Wirklichkeit zwischen Gott und uns, über alle unsere Kümmerlichkeiten und Mängel hinweg. Dieser Friede vom Kreuz ist geschichtliche Tatsache. Er ist das vollkommene Werk des Christus, das für alle Ewigkeiten unverändert steht. Jeder darf sich im Glauben darauf gründen. Dieser Friede gehört als stets gleichbleibende Wirklichkeit jedem, der im Glauben Jesus Christus als seinen Heiland ergreift und sich ihm zu eigen gibt. Diesen Frieden mit Gott haben wir nicht geschaffen, aber wir können ihn für unsere Person ablehnen, indem wir uns Christus versagen. Über diese Tat des Christus, die den großen Frieden mit Gott schuf, hat Paulus Kol. 1, 20—23 und 2, 13—15 gesprochen.

In Kol. 3, 15 spricht Paulus von dem Frieden des Christus, den er in unsere Herzen geben kann. Was uns in unserer Gotteskindschaft trägt, ist allein der Friede von Golgatha. Er ist das ewige Fundament unserer Gemeinschaft mit Christus. Aber wir sind dankbar, wenn unser Herr so, wie er es für notwendig erachtet, uns auch an dem Frieden teilhaben läßt, den er in unsere Herzen gibt. Dieser Friede ist keine unbedingte Notwendigkeit. Wir können auch ohne ihn leben. Es gibt stürmische und dürre Zeiten in unserem Leben, die wir im nackten Glauben durchstehen müssen, ohne daß irgendeine Empfindung des Friedens in unserem Herzen ist. Wie gut, daß der ewige Frieden vom Kreuz durch alles hindurchträgt und von den Schwankungen unserer Person und unserer inneren Verfassung völlig unabhängig ist.

Aber es gibt Stunden, in denen der Friede des Christus, den er in unsere Herzen geben kann, ein wunderbares Baro=

meter ist, das uns hilft, die rechte Entscheidung zu treffen. Bei jeder Entscheidung, die den Gedanken Jesu entspricht, wird er uns innerlich in seinen Frieden stellen und ganz still machen. Bei jeder Entscheidung, die gegen seine Gedanken ist, wird er uns im Innersten beunruhigen und die Ruhe und der Friede nicht da sein, durch den er jeder rechten Entscheidung zustimmt. Wir sollten nie etwas tun, bei dem wir innerlich beunruhigt werden und aus dem Frieden Jesu in unserem Herzen herauskommen. Der Friede des Christus sollte die Entscheidung bestätigen, die wir getroffen haben.

Grundsätzlich treffen wir unsere Entscheidungen auf andere Weise. Wo das Wort der Schrift eindeutige Klarheit gibt, ist unsere Entscheidung einfach. Es gibt aber Lebenslagen, für die die Schrift nicht unmittelbar eine Antwort gibt. Gut, wer dann seit Jahren in der Schrift lebt und mit ihren Gedanken vertraut ist, daß er aus ihrem Geist heraus eine Entscheidung treffen kann. Es wird ihm wichtig sein, daß diese Entscheidung durch andere erfahrene Jünger Jesu bestätigt wird, denn wir wissen, daß unser aller Urteilsvermögen ein begrenztes ist. Es ist uns ein großes Geschenk, daß wir nicht allein stehen, sondern in der Gemeinde Jesu leben und durch die Einmütigkeit der Jünger Jesu eine treue Hilfe bei unseren Entscheidungen erhalten.

Bei all den Entscheidungen, die wir von der Schrift her und im Zusammenhang mit unseren Brüdern treffen, gilt es, die Sachlage zu erfassen. Dazu ist uns unser Denkvermögen von Gott gegeben, daß wir es einsetzen. Der Verstand ist nicht vom Teufel, sondern von Gott. Unser Herr aber will uns in seiner treuen Weise zu Hilfe kommen und uns in unserem Denken bewußt und unbewußt durch seinen Geist leiten, daß wir sowohl die Gedanken der Schrift wie die Sachlage richtig erfassen können.

So erfolgt eine echte Urteilsbildung auf Grund der Schrift, der Zustimmung der Brüder, der Sachlage und des klaren Denkens. Die innere Zustimmung durch den Frieden des Christus in unseren Herzen aber ist eine freundliche Gabe, durch die uns die sachliche Urteilsbildung bestätigt wird.

Alles echte, neue Leben wird auch den Frieden der Jünger Jesu untereinander nur stärken und nie hemmen. Wir sind als ein „Leib", als ein zusammenhängender, lebendiger Organismus, als eine einmütige Bruderschaft in den Frieden Jesu berufen. Es ist immer ein ernstes Warnungssignal, wenn der

Friede Jesu, in den er seine Kinder gemeinsam gestellt hat, irgendwie überschattet und gestört wird. Wo der Friede Jesu seine Gemeinde regieren kann und in allen Fragen die Entscheidung hat, gibt es keine Trennung, keine Dissonanz, keine Bitterkeit, kein Gegeneinander, sondern nur eine echte und herzliche Einmütigkeit aller Glieder seiner Gemeinde. Wo der Friede des Christus regiert, ist es seiner Gemeinde unmöglich, irgendwelche Störungen dieses Friedens zu tragen. Sie wird immer darauf aus sein, ihr Verhältnis untereinander aufs schnellste so zu ordnen, daß der Friede des Christus ungestört in ihrer Mitte herrscht. Jedes Glied der Gemeinde wird zu jedem Demütigungsweg bereit sein, der nötig ist, um jede Störung des Friedens Jesu inmitten seiner Gemeinde zu überwinden. Wo dies nicht geschieht, tritt eine tiefe Beschädigung des geistlichen Lebens der einzelnen und ganzer Gemeinden ein, unter Umständen sogar ein völliger Kurzschluß des gesamten Lebens mit Christus. Es ist trostlos, zu sehen, wie das Leben einzelner Jünger Jesu und ganzer Gemeinden zugrunde geht, weil man nicht erlaubt, daß der Friede des Christus in allen Fragen die Entscheidung hat.

Kol. 3, 15 b: „Und erweist euch dankbar."

Alle Frucht aus dem neuen Leben mit Christus mündet in einen großen Dank aus. Der Dank gegen unseren Herrn für die unverdiente Gemeinschaft mit ihm und für sein nie ermüdendes Werk in uns ist das lebendige Band, das alle Frucht des neuen Lebens zu einer großen Einheit zusammenschließt. Staunend stehen wir vor der Geduld, mit der Jesus Christus seine Gemeinde trägt und sein Werk in ihr nicht erlahmen läßt. Wäre er nicht so, wie er ist, würde längst alles neue Leben in uns gestorben sein. Er ist der eine, der es in unermüdlicher Treue am Leben erhält und immer neue Wege in seiner Seelsorge weiß, um die Entwicklung seiner Gemeinde und ihrer Glieder im lebendigen Fluß zu halten. Alles, was er in seiner Gemeinde gestaltet, nötigt sie zu tiefster Anbetung und großem Dank.

Der Dank gegen Christus ist eine Grundhaltung des neuen Menschen. Es ist eine Freude, Jüngern Jesu zu begegnen, für die der Dank gegen ihren Herrn das Lebenselement ist.

Kol. 3, 16: „Das Wort des Christus soll unter euch reichlich wohnen:
(1.) indem ihr euch selbst in aller Weisheit lehrt und euren

Sinn in die rechte Richtung bringt,
(2.) mit Psalmen, Lobgesängen und geistlichen Liedern,
(3.) indem ihr in der Gnade Gott in euren Herzen singt."

Die entscheidende Lebenskraft der Gemeinde Jesu und ihres ganzen neuen Lebens ist das Wort des Christus. Das ist das Wort, das von Christus ausgeht. Es ist das Wort, das er als das Haupt der Gemeinde ständig neu gibt. Es ist das Wort, das täglich von ihm zu uns kommt. Es erreicht uns, wenn wir über der Schrift nachsinnen und im stillen Umgang mit unserem Herrn sind. Es erreicht uns mitten im Werktag, wenn er uns etwas zu sagen hat. Es wird uns zuteil inmitten seiner Gemeinde, wenn er durch die Glieder der Gemeinde uns das Wort gibt.

Er schenkt es uns durch die Männer, denen er es sonderlich als Hirten, Lehrern, Propheten und Evangelisten anvertraut hat. Er schenkt es aber auch in der Bruderschaft durch alle Glieder seiner Gemeinde, zu denen er überhaupt durch Schrift und Geist zu sprechen vermag. Wie sollte es je ein Glied seiner Gemeinde geben, zu dem er nicht spricht und durch das er nicht zu den anderen Gliedern seiner Gemeinde redet — sei es im persönlichen Umgang von Mensch zu Mensch, sei es im vertrauten Kreis über der Bibel, sei es in der Versammlung in der Gemeinde, wenn seine Leute miteinander über dem Wort sitzen und einander weitergeben, was sie von ihrem Herrn empfangen haben.

1. Kor. 14, 26 gibt uns eine lebendige Anschauung von dem Reichtum des Wortes in der Gemeinde Jesu. Da Jesus Christus heute kein anderer ist als einst und heute ebenso lebendig sein Wort in seiner Gemeinde gibt, wenn man es ihm erlaubt, ist es sehr eigenartig, wenn das lebendige Wort des Christus nicht solch eine Stätte in der Versammlung seiner Gemeinde hat wie im ersten Jahrhundert. Es ist eine große Verantwortung, wenn wir unserem Herrn es nicht möglich machen, das Wort in seinem ganzen Reichtum in seiner Gemeinde auszuteilen. Und es ist schmerzlich, wenn die Gemeinde so unmündig bleibt, daß sie nicht mehr in dieser lebendigen Weise das Wort von ihrem Herrn empfängt und einander weitergibt. Es ist eine Freude und Lebenskraft sondergleichen, wenn die glaubende Gemeinde miteinander in großen und kleinen Kreisen über dem Wort der Schrift nachsinnt und viele ihrer Glieder instandgesetzt werden, das Wort des Christus ihren Brüdern und Schwestern weiterzureichen.

Paulus spricht an unserer Stelle von drei Möglichkeiten, wie das Wort des Christus unter uns reichlich wohnen kann. Er denkt zuerst an diesen gegenseitigen Bruderdienst der Gemeinde, in dem alle Glieder mit am Werk sind, sich selbst in aller Weisheit zu lehren und den Sinn in die richtige Richtung zu rücken. Es ist eine Verarmung, wenn dies nur durch einen einzelnen geschehen kann. Zur vollen Entfaltung der Lebenskräfte des Wortes bedarf es der Bruderschaft. Das Wort des Christus durch die Bruderschaft wird uns in allen Fragen des Lebens mit ihm so lehren, daß wir miteinander den rechten Weg finden. Es wird uns immer neu unseren Blick in die richtige Richtung rücken, daß er nicht auf Nebensächlichkeiten geht, sondern auf Christus selbst und die wesentlichen Fragen des Lebens mit ihm.

Neben das gesprochene Wort tritt für Paulus das gesungene Wort. Offenbar hat es in der urchristlichen Gemeinde einen großen Reichtum des Liedes gegeben. Daß Paulus und Silas im Gefängnis zu Philippi Lob- und Danklieder gesungen haben, macht uns deutlich, daß das Lied zum Lebenselement der Gemeinde Jesu gehört.

Überall in der späteren Geschichte seiner Gemeinde ist das Lied mit Macht aufgebrochen, wenn es einen neuen Einbruch des Lebens von oben in seiner Gemeinde gab. Jede neue Erweckungsbewegung ist vom Lied weitergetragen worden. Das Liedgut einer Erweckungsbewegung ist immer charakteristisch für sie. Wie merkt man es einer Gemeinde des Christus an ihrem Lied an, in welchem Verhältnis sie zu ihrem Herrn steht und welches Leben aus Christus in ihr Raum hat. Wo die Freude an Christus zum Lebensmerkmal seiner Gemeinde gehört, wird das Lied zu ihrem Lebenselement gehören.

Es ist auffallend, welche dritte Möglichkeit Paulus sieht, in der sich das Wort des Christus entfalten kann. Er weiß um ein Lied, das die Lebensmacht der Gnade in unserem Herzen gestaltet, ein Lied, das die Menschen nicht hören, weil es nicht über die Lippen kommt, das aber ganz unmittelbar zu Gott dringt. Es ist das Lied der anbetenden Kinder Gottes – das Lied, das vielleicht am tiefsten der Freude an ihrem Herrn Ausdruck gibt.

Dieses stille, verborgene Lied wird aus der Gnade geboren. Wenn die Gnade Jesu in ihrer überschwenglichen Größe das Herz bewegt und das Herz von Dank ihm gegenüber erfüllt ist, dann kann es wohl sein, daß kein Wort mehr zureicht, um dem Ausdruck zu geben, daß aber tief in unserem Herzen eine stille, heilige Freude lebt, die in einem Lied des Herzens ohne Worte ihren Ausdruck findet (Eph. 5, 19b).

So kann das lebendige Wort des lebendigen Herrn in dreifacher Weise Lebenskräfte der oberen Welt der Gemeinde auf Erden zur Gestaltung ihres neuen Lebens zuleiten: durch das Bruderwort in der Gemeinde, durch das gemeinsame Lied, das der Freude an Christus entspricht, und durch das Lied des Herzens in dem stillen, verborgenen Umgang allein mit dem Meister, das aus der Gnade geboren wird.

3. Kapitel

Der Einfluss Jesu auf das menschliche Zusammenleben

Kol. 3, 17–4, 1

> Kol. 3, 17: „Und alles, was ihr immer tut in Wort oder Werk, das tut alles in dem Namen des Herrn Jesu, indem ihr Gott, dem Vater, durch ihn euren Dank darbringt."

In diesen Worten ist alles zusammengefaßt, was für das neue Leben aus Christus charakteristisch ist. Es ist ein Leben in ihm, aus ihm und unter ihm. Jesus Christus ist der eine, der alles im Leben seiner Leute durchdringen und gestalten will. Unser ganzes Leben mit all seinen Lebensäußerungen will sich in seinem Namen vollziehen.

„Im Namen Jesu": das ist keine Formel, die wir mechanisch wiederholen. „Im Namen Jesu" ist ein lebendiges Geschehen. „Im Namen Jesu" heißt: in seinem Auftrag, in seiner Vertretung, so daß er zu allem, was wir denken, sagen und tun, seinen Namen setzen kann.

„Im Namen Jesu" heißt: nicht in unserem Namen, nicht aus uns heraus, sondern so, daß wir bei allem, was wir denken, sagen und tun, in ihm sind, in Gemeinschaft mit ihm handeln, aus ihm heraus unser Leben gestalten. Wenn jemand nach dem Urheber unserer Gedanken, Worte und Handlungen fragt, dann sollte man immer letzten Endes auf Jesus, den Herrn, stoßen. Es sollte nichts in unserem Leben von uns aus geschehen, ohne daß nicht Jesus in allem der Handelnde und Bestimmende ist.

Für uns selbst gibt es nichts Schöneres, als wenn alles in unserem Leben in seinem Namen geschieht. Ob er zu allem

Ja sagen und seinen Namen dazusetzen kann, das ist der große Kompaß für unser ganzes Leben. Ein Jünger hat in allen Lebenslagen nur einen Wunsch, seinem Herrn, dem er alles verdankt, zur Ehre und zur Freude zu handeln.

Ein solches Leben in Christus, aus Christus und unter Christus ist uns niemals ein drückendes Joch, sondern nur eine große Freude. Es ist im Grunde das einzige Leben, das den Namen „Leben" wirklich verdient. Jesus Christus löst Schritt um Schritt sein Wort ein, daß er gekommen ist, Leben und volles Genüge zu bringen. Alles, was er uns sagt, bringt uns nur Leben, nie den Tod. Je umfassender wir uns ihm öffnen, desto reicher und größer wird unser Leben. Wie sollte da nicht unser ganzer Dank durch ihn zum Vater gehen!

„Durch ihn": er ist der, der uns diesen freien Weg zum Vater ermöglicht hat. Ihm danken wir es, daß die ganze Fülle des Lebens aus Gott zu uns kommt. Ihm danken wir es, daß der große Versöhnungs= und Erlösungsplan Gottes für uns Wirklichkeit wurde. Er hat uns in diese neue Geschichte des Lebens hineingestellt, die Gott uns zugedacht hat. Er machte uns zu Gliedern der neuen Gottesgemeinde. Darum geht unser ganzer Dank durch Jesus zu dem ewigen, lebendigen Gott, der uns solch einen Herrn gab und in ihm alles schenkte.

„Alles im Namen Jesu": das ist nun unser Kompaß für alles in unserem Leben. In einigen kurzen Schlaglichtern zeigt Paulus, wie es sich im praktischen Zusammenleben auswirkt, wenn wir alles im Namen Jesu tun wollen. Er sagt nicht alles, was zu den einzelnen Lebensgebieten zu sagen wäre. Er greift immer nur ein oder zwei Punkte heraus, die offenbar gerade damals besonders brennend waren.

Es ist sehr überraschend, was er sagt. Manches mutet uns geradezu fremdartig an. Daran merken wir, daß das Handeln in Jesu Namen nicht eine gleichförmige Norm bedeutet, die zu allen Zeiten und an allen Orten und in allen Verhältnissen immer dieselbe wäre. Das Handeln in Jesu Namen erfordert eine ganz enge Verbindung mit Jesus durch den Geist und ein immer neues, feines Hören auf ihn, damit wir in jeder Lage neu erfassen, was es hier heißt, alles im Namen Jesu zu tun. Es macht uns so froh, daß wir keine genormten Jünger Jesu werden sollen, sondern daß das Leben mit Jesus so mannigfaltig und vielseitig geprägt ist. Das gibt unserem Leben eine lebendige geistige Bewegung und einen reichen, großen Inhalt, daß wir in jeder Lage Jesus neu fragen müs=

sen und von ihm neu Wegweisung bekommen. Darum stehen wir auch nicht als einzelne unter Jesus, sondern in der Bruderschaft, weil wir einander nötig haben, um zu verstehen, was es jeweils bedeutet, im Namen Jesu zu handeln.

Paulus hätte die verblüffenden Schlaglichter, die jetzt folgen, nicht in allen Jahrhunderten und in allen Völkern und Kulturen in derselben Weise formulieren können. Er spricht als der Mann des ersten Jahrhunderts nach Christus, als der Mann, der in den damaligen sozialen und gesellschaftlichen Verhältnissen seelsorgerlichen Rat geben will. Er hat in Kol. 3, 11 und Gal. 3, 28 ausgesprochen, wie in der Gemeinde Jesu die menschlichen Verschiedenheiten nicht aufgehoben werden, aber ihre ausschlaggebende Kraft verlieren. In der Gemeinde Jesu gilt: alles und in allem Christus. Die Zugehörigkeit zu Jesus macht nicht gleichartig, aber gleichwertig: „Ihr seid alle einer in Christus Jesus" Gal. 3, 28. Welcher sozialen und gesellschaftlichen Stellung der einzelne auch angehört, wer zu Jesus gehört, ist durch ihn in gleicher Weise als Kind Gottes geadelt.

Das ist eine große Freude. Hier liegt in Wahrheit die Lösung aller sozialen und ähnlichen Probleme. Die junge Gemeinde Jesu war mit dieser Schau ihrer Zeit weit voraus. Es hat einen Weg von fast 2000 Jahren benötigt, um diese Schau wenigstens teilweise im Leben durchzusetzen. Es wäre durchaus naheliegend gewesen, daß die ersten Christen in ihrer stürmischen Freude über das große Neue alle hergebrachten Bindungen abgeworfen und die ganze gesellschaftliche Ordnung ihrer Zeit zertrümmert hätten. Das hätte der Botschaft von Jesus und der durch ihn gebrachten Erlösung schwere Hindernisse bereitet. Es hätte das Mißverständnis auftreten können, als wäre es die einzige Aufgabe Jesu gewesen, Sozialreformer und Sozialrevolutionär zu sein, während seine Sendung darin bestand, das Verhältnis zwischen Gott und Mensch grundlegend neu zu gestalten. Aus diesem neuen Lebensverhältnis zu Gott sollten freilich auf allen Lebensgebieten neue Linien erwachsen. Aber solch ein Umformungsprozeß ist ein langer Weg in der Geschichte der Menschheit. Wir sind froh, welche tiefen Auswirkungen das Kommen Jesu und das Wirken in seiner Gemeinde für die ganze Menschheit im Leben der Völker, der Ehe, der sozialen Fragen, im Grunde auf allen Lebensgebieten hat. Noch heute ist dieser Umformungsprozeß im Gange. So sehr wir uns darüber freuen und darum ringen, so muß doch deutlich bleiben, daß die zentrale Sendung Jesu darin besteht, daß ein Mensch ihn selbst aufnimmt und dadurch in ein neues Lebensverhältnis zu Gott kommt. Nur von hier aus können die neuen Lebenslinien erwachsen.

Paulus hatte große Sorge, daß durch ein eigenmächtiges Vorwegnehmen des Neuen die eigentliche Botschaft von Jesus überschattet und torpediert würde. Darum diese kurzen, markanten seelsorgerlichen Winke, die für die Menschen seiner Zeit wichtige Punkte klarlegen und dem Evangelium von Jesus die Bahn freihalten wollen.

> Kol. 3, 18: „Ihr Frauen, ordnet euch den Männern unter, wie es sich ziemt im Herrn."

Eine Frauenrechtsbewegung hätte im ersten Jahrhundert den Weg des Evangeliums unmöglich gemacht. Es war die Zeit noch nicht reif, um das, was grundsätzlich in der Gemeinde Jesu gilt, für die weitere Umwelt fruchtbar zu machen. Die heidnischen Männer wären kopfscheu geworden, wenn ihre Frauen es abgelehnt hätten, ihre herkömmliche Stellung in der Familie zu haben, weil sie nun Jesus angehörten und frei seien. Die an Jesus gläubigen Frauen hätten ihre Männer durch solch eine Frauenemanzipation nicht gewonnen, sondern ihnen den Weg zu Jesus versperrt. Die gläubigen Frauen mußten den Niedrigkeitsweg Jesu gehen, um ihre Männer für Jesus zu gewinnen.

Der Mann war damals der absolute Herr in der Familie. Die Frau war in vielen Völkern nur Arbeitswerkzeug, das man ebenso wie ein anderes Werkzeug oder Arbeitstier käuflich erwarb. Der Adel, den die Frauen als Kind Gottes durch Jesus empfingen, war etwas unerhört Neues, völlig unbegreiflich für ihre Umgebung. Um ihrer Familie und ihrer Zeit kein Hindernis auf dem Weg zu Jesus zu sein, war es notwendig, daß die an Jesus gläubigen Frauen nicht all die praktischen Folgerungen aus ihrem neuen Adel zogen, den sie durch Jesus bekommen hatten, sondern dienend und sich unterordnend in der überkommenen gesellschaftlichen Ordnung blieben.

Das ist die Art Jesu, der sich seiner Herrlichkeitsstellung in der Ewigkeit begab und unser Bruder auf Erden wurde, um uns zu retten. So können auch seine Leute sich des Großen begeben, das sie in ihm bekommen haben, um allenthalben etliche zu retten (1. Kor. 9, 19—22). Das ist den Leuten Jesu kein Opfer, sondern eine andere Art ihres Adels, daß sie solche Niedrigkeitswege gehen können, ohne von ihrer neuen Stellung Gebrauch zu machen, um anderen den Weg zu Jesus zu bahnen. Das ziemt sich in dem Herrn, wie Paulus an unserer Stelle sagt. Wir tun es ihm zuliebe und aus Dankbarkeit für all das Große, das wir unverdient von ihm geschenkt bekamen.

Obwohl auch heute noch auf Grund der Schöpfungsordnung der Mann einen führenden Platz in der Ehe haben soll, wenn sie normal und gesund ist, so ist doch andererseits die Ehe von Jüngern Jesu nicht von einem Herrschaftsanspruch des Mannes wie in alten Zeiten und von einem Untertanenverhältnis der Frau wie im Altertum bestimmt, sondern sie sind beide durch Jesus zueinander als zwei gleichwertige Partner geordnet. Sie haben eine echte Gemeinschaft durch den Geist, den sie von Jesus empfingen. Sie führen ihr Leben gemeinsam, indem sie beide in gleicher Weise Jesus fragen und ihn um die Befehle für ihr Leben bitten. Weil beide in gleicher Weise zu Jesus gehören, hat er die entscheidende Führung in ihrer Ehe und verbindet sie in echter Partnerschaft unter seiner Führung. Sie sind beide keine freien Leute mehr, sondern mit Freuden Leibeigene Jesu Christi. Daß Jesus ihr gemeinsamer Herr ist, formt ihre Ehe zu einem echten und frohmachenden Miteinander.

Das haben viele Frauen entbehren müssen, die erst in ihrer Ehe zu Jesus fanden und deren Männer nicht bereit waren, sich in gleicher Weise Jesus zu öffnen. Für diese Frauen hat Kol. 3, 18 immer eine wegweisende und helfende Bedeutung gehabt. Es war der einzige Weg, auf dem sie ihrem Mann begegnen konnten. Es ist dieselbe Linie wie 1. Petr. 3, 1–6.

Aber immer hat es zu allen Jahrhunderten Ehen unter Christus gegeben, die eine Einheit in ihm waren und darum einen ganz neuen Stil des Miteinanderlebens gewannen, obwohl in der Allgemeinheit diese Linien sich noch nicht durchgesetzt hatten und die Ehe in der Gesamtauffassung ihres Volkes noch keinen Einfluß von Jesus her aufwies.

Bei den Männern, die aus einer heidnischen Vergangenheit zu Jesus fanden, sieht Paulus eine Gefahr darin, daß sie ihre alte Art ihrer Frau gegenüber beibehalten und so, wie das damals üblich war, ihre Frau weiterhin als Arbeitssklave ansehen und behandeln und dementsprechend rücksichtslos mit ihr verfahren. Darum schreibt er den folgenden Satz.

Kol. 3, 19: „Ihr Männer, habt eure Frauen lieb und werdet gegen sie nicht zornig (schroff, herrisch)".

Wollten sie jetzt ihre Haltung ihren Frauen gegenüber so gestalten, daß Jesus seinen Namen dazusetzen kann, so mußte aus dem brutalen Herrenverhältnis echte Gemeinschaft werden, in der nicht nur die natürliche Anziehungskraft der beiden Geschlechter waltet, sondern eine echte Liebe, wie Jesus sie uns gegenüber betätigt.

Das war für viele Männer der damaligen Zeit etwas völlig Neues und Unerhörtes. Und doch hätten sie sich und ihre Frauen um etwas unendlich Schönes und Beglückendes gebracht, wenn sie ihre Ehe nicht durch die neue Art Jesu hätten bestimmen lassen. Das war gleichzeitig ein eindrucksvolles Zeugnis für ihre Umgebung, die eine solche Gemeinschaft zwischen Mann und Frau nicht kannte. Den größten Gewinn hatten sie als Männer aber selbst davon, wenn ihr Verhältnis zu ihrer Frau jetzt von einer echten Liebe bestimmt wurde, die aus dem Umgang mit Jesus stammte.

Es wird für viele sehr schwer geworden sein, ihre brutale Herrenstellung aufzugeben und nicht mehr herrisch mit ihrer Frau zu verfahren. Das bedeutete geradezu eine Revolution in ihrem Leben. Aber es war eine frohmachende und beglükkende Revolution — für beide Teile.

Die Männer hätten den Geist Gottes betrübt, wenn sie in derselben schroffen und herrischen Art mit ihren Frauen umgegangen wären, wie sie es taten, bevor sie zu Jesus kamen. Jedes Betrüben des Geistes Gottes legt sich aber lähmend über das ganze Verhältnis zu Jesus und bringt große Verluste. So hing die Entfaltung der neuen schönen Gemeinschaft mit Jesus unmittelbar damit zusammen, daß sie auch in ihrer Ehe eine neue Art der Gemeinschaft mit ihrer Frau fanden, die sich wirklich im Namen Jesu formte.

Der Botschaft Jesu wäre ein schweres Hindernis bereitet worden, wenn sich im ersten Jahrhundert damit unmittelbar eine soziale Revolution verbunden hätte, wie sie in der Auswirkung eines Tages notwendig werden mußte. Es ist uns schwer genug, daß diese soziale Revolution im Namen Jesu seiner Gemeinde erst so spät innere Aufgabe und Notwendigkeit wurde. Auf diese Fragen wirft das nächste Wort seine Schlaglichter.

Kol. 3, 20: „Ihr Kinder, gehorchet den Eltern in allen Stücken, denn das ist wohlgefällig in dem Herrn."

Damit hat Paulus das ausgesprochen, was grundsätzlich richtig ist. Es gibt aber Väter und Mütter, die sich an ihren Kindern so versündigt haben, daß ihre Söhne und Töchter nicht mehr in der Lage sind, diesen Vätern und Müttern Achtung und Liebe entgegenzubringen. Der Gehorsam solchen Eltern gegenüber würde die Kinder selbst in viel Sünde bringen. Der Gehorsam gegen die Eltern hat seine Grenze im Gehorsam gegen den Herrn. Eltern können von ihren Kindern nichts verlangen, was vor Gott unrecht ist.

Kinder werden es immer sehr schmerzlich empfinden, wenn sie aus solchen Gründen ihren Eltern nicht gehorchen können. Das bringt eine Tragik in das Leben der Kinder. Denn ein gesund empfindendes Kind möchte seinem Vater und seiner Mutter Achtung, Liebe und Gehorsam entgegenbringen, auch dann, wenn das Kind ein erwachsener Mensch geworden ist. Das entspricht dem Einfluß, den Jesus als unser Herr auf uns ausübt. Erwachsene Kinder werden diese Haltung ihren Eltern gegenüber auch dann einnehmen wollen, wenn es ihnen nicht leicht wird, ihre Eltern zu achten. Wer Jesus angehört, möchte auch seinen Eltern gegenüber vergeben und lieben können. Darin liegt ein geheimer Segen.

Um so schöner ist es, wenn Eltern und Kinder eins in Jesus Christus sind und von demselben Herrn in ihrer persönlichen Haltung und ihrem Verhältnis zueinander bestimmt werden.

Kol. 3, 21: „Ihr Väter, reizet nicht eure Kinder, damit sie nicht mutlos werden."

Väter und Mütter werden schuldig, wenn sie die Stellung ihren Kindern gegenüber, die ihnen durch die Schöpfungsordnung gegeben ist, mißbrauchen. Es ist etwas so Großes, wenn uns Kinder anvertraut werden, daß uns damit eine innere Nötigung zu zuchtvoller Haltung auferlegt wird. Vater und Mutter haben kein willkürliches Herrenrecht über ihr Kind. Sie bekamen ihre Stellung als Vater und Mutter von Gott. Darum sind sie auch verpflichtet, ihre Haltung ihren Kindern gegenüber so zu formen, wie es vor Gott recht ist. Das nimmt uns Eltern in eine feine innere Zucht, die uns nicht erlaubt, mit unseren Kindern im Zorn zu sprechen und sie im Zorn zu strafen. Wenn uns dennoch der Zorn überwältigt, können wir nicht anders, als unsere Kinder um Verzeihung zu bitten. Es wird für ein Kind unvergeßlich sein, wenn Vater und Mutter das taten.

Die ganze Art unserer Erziehung und des Umgangs mit den Kindern soll sie nicht entmutigen, indem wir den Kindern immer wieder ihre Fehler vorhalten. Wie verzweifelt kämpft manches Kind mit seinen Anlagen, die es von Vater und Mutter geerbt hat. Es kann uns sehr demütigen, wenn wir unsere eigenen schmerzlichen Anlagen in unseren Kindern wiederfinden. Darum sollten wir unseren Kindern, zumal wenn sie heranwachsen, nicht nur Vater und Mutter, sondern auch Bruder und Schwester sein und ihnen in ihrem schweren Ringen mit sich selbst treu zur Seite stehen. Es ist schön, wenn Vater und Mutter die besten Kameraden für ihre Kinder sind, die ihnen viel Mut machen und von Herzen versuchen, in jeder Hinsicht ihren Kindern Gehilfen zur Freude zu sein.

> Kol. 3, 22–4, 1: „Ihr Untergebenen (Paulus schreibt: Sklaven), gehorcht in allen Dingen euren irdischen Herrn, nicht in Augendienerei, als solche, die Menschen gefallen wollen, sondern in Einfalt des Herzens also solche, die den Herrn fürchten. Was ihr auch immer tut, das tut von Herzen als dem Herrn und nicht den Menschen als solche, die wissen, daß ihr die Gegengabe des (himmlischen) Erbes empfangen werdet. Dem Herrn Christus dient. Denn wer unrecht handelt, wird empfangen, was er unrecht getan hat; es ist kein Ansehen der Person. Ihr Vorgesetzten (Paulus schreibt: Ihr Herren), gewährt den Untergebenen, was in der Ordnung und was die Billigkeit ist, da ihr wißt, daß auch ihr einen Herrn im Himmel habt."

Untergebene waren im Altertum Sklaven. Wenn ein Sklave Jesu Eigentum wurde, war er damit der Leibeigene des größten Herrn geworden und in eine königliche innere Freiheit gestellt. Es bedeutete eine Großtat des Geistes, wenn er sich dennoch in die Ordnung seines alten Sklavenstandes fügte und sich darin als ein Diener Jesu bezeigen und bewähren wollte. Als solcher wurde er ein lebendiges Zeugnis für seine Mitsklaven und für seinen Herrn.

So ist die erste eindrucksvolle Kunde von Jesus zu den Germanen gekommen, als die Goten römische Christen aus Kleinasien in die Sklaverei verschleppten. Die Haltung dieser oft hochgebildeten Christen als Sklaven war so andersartig, als man sie sonst von Sklaven gewohnt war, daß sie dadurch ihre heidnischen Herren innerlich überwanden. Sie, die vor kurzem vielleicht noch Herren auf eigener Besitzung im Römischen Reich gewesen waren, dienten ihren neuen germanischen Herren, die sie als Gefangene verschleppt hatten, in der Einfalt des Herzens, als dienten sie Jesus. An ihnen ist eindrücklich, daß Kol. 3, 23 eine ganz große Verheißung hat.

Es ist für alle unsere Lebensverhältnisse entscheidend, daß wir alles, was wir tun, dem Herrn Jesus zuliebe tun und nicht, weil Menschen es von uns fordern. Jesus wird solchen Selbstverleugnungsweg vielfältig vergelten, auf Erden und in der Ewigkeit. In welchen Arbeitsverhältnissen wir auch stehen mögen, seit wir Jesus gefunden haben, sind wir in erster Linie seine Dienstleute. Mit starker Betonung sagt Paulus: „Dem Herrn Christus seid Leibeigene (oder Sklaven)!" Ein Sklave Jesu zu sein, ist uns nicht eine Entwürdigung oder drückende Last, sondern ein Adel und eine wunderbare Befreiung.

Als solche, die ihm angehören, möchten wir uns in all unseren Arbeitsverhältnissen bewähren. Wir leben unter seinen Augen und nicht unter den Augen von Menschen. Darum bleibt auch im Leben eines Jüngers Jesu Unrecht immer Unrecht, das er nicht entschuldigen kann.

In allen Jahrhunderten sind Christen in den verschiedensten sozialen Stellungen wunderbar von Jesus bestätigt und durchgebracht worden, wenn ihr ganzes Trachten darauf ausging, alles im Namen Jesu zu tun. Es konnte geschehen, daß sie in sehr untergeordneter Stellung waren und in Wirklichkeit in ihrer Umgebung so geachtet, ja verehrt, daß von ihnen ein Einfluß auf ihre ganze Umgebung ausging und sie in Wahrheit eine führende Stellung innehatten.

Alles, was den Jüngern Jesu in abhängiger Stellung gilt, gilt auch den Jüngern Jesu, die eine führende Position in der Hand haben. Sie leben auch mit ihren Anordnungen unter den Augen Jesu und können darum ihre Untergebenen nicht ausnutzen und ihnen das nicht vorenthalten, was ihnen billigerweise zusteht. Es kann gar nicht anders sein, als daß das Wort Jesu ihnen ins Herz geschrieben ist: „Alles nun, was ihr wollt, das euch die Leute tun sollen, das tut ihr ihnen gleichermaßen!"

Von Jesus her wissen sie, daß ihre Untergebenen nicht Menschen zweiter Klasse sind, sondern von Jesus ebenso geliebt wie sie selbst. Sie müssen als Vorgesetzte Anordnungen treffen und Befehle geben. Aber immer bleibt jeder Mensch, mit dem sie umgehen, ein echter Mensch, für den ihr Herr gestorben ist. Dadurch bekommt das ganze Zusammenleben eine neue Linie von Jesus her.

Auch der Vorgesetzte, der ein Jünger Jesu ist, möchte ohne Worte ein Zeugnis für seinen Herrn sein und seine Haltung seinem Untergebenen gegenüber so formen, daß dieses Zeugnis nicht verdunkelt wird. Das wird ihm nur stückweise geraten, weil auch er nur ein Mensch ist und alle unsere Heiligung darum ein Bruchstück bleibt. Aber wenn er in Wahrheit als Vorgesetzter nicht den Menschen, sondern Jesus dient, wird dies seiner ganzen Art eine besondere Note geben und durch alle menschliche Mangelhaftigkeit hindurch nicht verborgen bleiben.

4. Kapitel

Der Einfluss Jesu auf unseren Dienst für ihn
Kol. 4, 2–18

a) *Das Gebet als Lebenselement des Christen*

Kol. 4, 2: „Im Gebet harret aus in der Haltung der Dankbarkeit als solche, die betend wach sind"

Wer von Jesus aufgenommen wird, kann sich das Gebet aus seinem Leben nicht mehr wegdenken, so wenig wie er sich sein Leben ohne Jesus vorstellen kann. Das ist geradeso wie bei zwei jungen Menschen, die einander liebgewonnen haben und immer froh sind, wenn sie beieinander sein können. Man ist schon froh, wenn der andere nur da ist, auch wenn man keine Zeit hätte, mit ihm zu sprechen. Doch wäre es unnatürlich, wenn Verlobte oder Eheleute, die eine tiefe, letzte innere Gemeinschaft haben, nicht in einem ständigen, lebendigen Austausch ständen. Sie können nicht stumm nebeneinander leben. Sie müssen dem anderen Anteil geben an dem, was sie bewegt, und es liegt ihnen ebenso am Herzen, den anderen zu fragen und von ihm zu hören.

So ist es auch zwischen Jesus und uns. Darin drückt sich die neue Gemeinschaft mit ihm aus. Ein Christ ist ein Mensch, der mit Jesus im Gespräch steht. Das Gebet vollzieht sich nicht mehr formelhaft. Es ist ein lebendiges Herüber und Hinüber zwischen Jesus und uns. Dieses Gespräch mit ihm ist nun unser Lebenselement.

Es ist darum eigentlich verwunderlich, daß Paulus noch besonders schreibt: „Im Gebet harret aus!" Wir verstehen es aber gut, weil uns so viele andersartige Einflüsse und Belastungen am Gespräch mit Jesus hindern wollen. Es ist schon in einer Ehe so, daß sie geradezu gefährdet werden kann, wenn ein Teil oder beide so durch ihre Aufgaben und Pflichten in Anspruch genommen sind, daß man kaum noch Zeit zum wirklichen Gespräch miteinander hat. Es ist die Lebensfrage einer Ehe, daß man das Gespräch miteinander nicht von den sonstigen Pflichten im Leben überwuchern läßt. Wir wissen um eine ähnliche Gefahr im Leben mit Jesus, daß unser Gespräch mit ihm nicht von anderen Dingen und Menschen zugedeckt wird. Es ist unglaublich, aber wahr, daß das Gespräch mit Jesus auch durch sog. Reichsgottesarbeit überwuchert und verhindert werden kann. Daran wird deutlich, daß der Dienst für Jesus ein Ausmaß angenommen hat, wie es von ihm nicht gedacht ist. In seinem Programm für uns bleibt reichlich Zeit zum Gespräch mit ihm. Unsere Pflichten im Leben haben die Grenze überschritten, die Jesus ihnen zugedacht hat, wenn sie das Gespräch und den stillen Umgang mit ihm und seinem Wort unterbinden.

Immer, wenn das Gespräch mit Jesus verkümmert, gilt es, alles daranzusetzen, daß wir ihm wieder Raum schaffen, zumal wenn es „schwarze" Sünde ist, die uns im Gebet lahm legt. Es gilt aber ebenso, wenn es „weiße" Sünde ist, daß unser Dienst eigenmächtige Ausmaße annahm und uns Jesus selbst entzieht. Das ist nicht weniger Sünde als ein sittlicher Fehltritt, u. u. sogar die größere Schuld. Was nicht aus Glauben, d. h. aus der Abhängigkeit von Jesus kommt, ist Sünde.

Unser Christsein besteht nicht zuerst in dem, was wir für Jesus tun, sondern in dem stillen Hören auf ihn, in dem Stillesein vor ihm, das ihm die Möglichkeit gibt, durch seinen Geist in uns hineinzuwirken und uns mit seiner Gegenwart zu erfüllen. Daß aus diesem Stillesein vor Jesus echte Aktivität in vieler Hinsicht erwächst, ist selbstverständlich. Die fruchtbarste Aktivität aber entfalten die Jünger Jesu, die im stillen viel Zeit für ihren Herrn haben und im Gebet anhalten.

Das Gespräch mit Jesus, das Hören auf ihn und das Stillesein vor ihm wird uns so leicht gemacht, weil es sich nicht auf bestimmte Zeiten des Tages beschränkt, sondern unwillkürlich durch den ganzen Tagesablauf hindurchgeht, denn Jesus ist immer bei uns und wir sind nie ohne ihn. Darum ist das Beten ohne Unterlaß keine Belastung, sondern eine Erquickung und Freude. Es ist nicht eine schwere Pflicht, sondern ein Atemholen in der Nähe des Herrn Jesu, der immer bei uns ist. Wenn solches Atemholen inmitten schwerster Tagesarbeit oder in schwierigen Lagen nur für Sekunden möglich ist, dann wächst aus solchem stillen Blick auf ihn eine wunderbare Hilfe. Durch das Gespräch mit Jesus bleiben wir wache Leute. Je mehr ich selbständig und auf eigene Faust lebe, desto eher werde ich von anderen Mächten überlistet und zu Fall gebracht. Das Zusammensein mit Jesus zu besonderen Zeiten des Tages oder unter der Hand durch den ganzen Tagesablauf hindurch hält uns wach in dem Leben mit ihm.

Das alles ist etwas so Schönes, daß in uns eine große Dankbarkeit ausgelöst wird. Darum bewegt uns dieser Dank für die Gegenwart Jesu und das Gespräch mit ihm mehr als alle unsere Bitten und Fragen an ihn. Die Luft der Dankbarkeit ist ein Klima, in dem viel Gutes gedeihen kann. Psalm 50, 23: „Wer Dank opfert, der preiset mich: und das ist der Weg, daß ich ihm zeige das Heil Gottes."

b) *Unser Gebet für die Boten Jesu*

> Kol. 4, 3–4: „Betet zugleich auch für uns, daß Gott uns eine Tür für sein Wort auftue, das Geheimnis des Christus zu sagen, um deswillen ich ja im Gefängnis sitze, damit ich es so enthülle, wie ich es (nach Gottes Gedanken) reden soll".

Wir dürfen mit Jesus über alles reden, was uns bewegt, über die großen und kleinen Fragen in unserem Leben. Es wäre unnatürlich, wenn wir es nicht täten, denn er ist der gute Hirte der Seinen. Es gibt nichts in unserem Leben, was ihn nicht bewegt.

Aber da es das Leben Jesu ist, das er in uns hineingab und das in uns arbeitet, ist es unmöglich, daß unser Gebet auf das begrenzt bleibt, was uns persönlich betrifft. Weil Jesus immer an die anderen denkt und sein ganzes Leben bis heute Hingabe ist, kann es bei seinen Leuten nicht anders sein. Nachdem Jesus ihnen selbst das große Geschenk Gottes für ihr Leben wurde, wünschen sie jedem anderen Menschen dasselbe große Geschenk.

Kein Mensch kann von sich aus erfassen, wer Jesus ist. Das war unmöglich zu der Zeit, als Jesus sichtbar auf Erden war, und das ist ebenso unmöglich, wo er nun der unsichtbare Herr ist. In beiden Fällen ist für unseren menschlichen Blick verhüllt, wer Jesus eigentlich ist. Es bedarf immer einer besonderen Tat Gottes an dem einzelnen, damit er die verborgene Größe und Bedeutung Jesu erfassen kann. In dieses Geschehen greift das Gebet ganz wesentlich ein. Es macht dem Geist Gottes die Bahn frei. Es beseitigt Hemmungen und Widerstände. Wir können von dem Gebet in dieser Hinsicht nicht groß genug denken.

Selbst ein Bote Jesu von dem Format des Paulus ist sich bewußt, daß er hier an der Grenze seines Dienstes steht. Er kann keinem Menschen das innere Ohr für die Botschaft von Jesus auftun und keinem das Geheimnis des Christus enthüllen. Das kann Gott allein. Aber dabei können die Christen in Kleinasien über Hunderte von Kilometern hinweg zu Hilfe kommen und sich in das Ringen des Paulus um die Menschen, mit denen er im Gefängnis zusammentrifft, einschalten. Sie können es ihm erbitten, daß er die Botschaft in jedem einzelnen Fall unbewußt so sagt, wie es Gott bei diesem Menschen für notwendig hält. Es ist nicht damit getan, daß wir richtige Worte über Jesus wiederholen, sondern daß Gott sie so formen kann, daß sie Brücke für die Menschen werden, mit denen wir augenblicklich zusammen sind. Wir selbst wissen im Grunde nicht, was der andere braucht. Aber Gott weiß es, und er kann unser Wort so formen, daß es in die Lage des anderen hineingreift und ihm das Geheimnis Jesu erschließt. Gerade an der entscheidenden Stelle unseres Dienstes für Jesus sind wir schachmatt gesetzt. Wir haben nicht den Schlüssel zu dem anderen Menschen. Den hat der Geist Gottes allein. Darum ist das Gebet für die Boten Jesu im Leben seiner Gemeinde von solcher Bedeutung.

Paulus sitzt im Gefängnis, aber er ist ein königlich freier Mann. Er weiß, daß er etwas zu bringen hat, was für alle lebensnotwendig ist. Er ist auch im Gefängnis ein Bote Jesu. Er sitzt nicht wegen eines Verbrechens im Gefängnis. Er wurde verhaftet, weil er die Botschaft von Jesus weitersagte. Ob er draußen in der Freiheit ist oder jetzt hinter den Gefängnismauern, immer bleibt er ein Bote Jesu.

c) *Unser Zeugendienst*

> Kol. 4, 5–6: „Verhaltet euch weise gegenüber denen, die draußen sind, indem ihr den (jeweiligen) Zeitpunkt auskauft. Euer Wort sei allezeit anmutig, mit Salz gewürzt, daß ihr wißt, wie ihr einem jeden antworten sollt."

Das ist nicht ein Wort an Pfarrer und Missionare, sondern an alle, die um das Geheimnis Jesu wissen. Sie können nicht zufrieden sein, daß sie selbst Jesus kennen. Sie wünschen jedem anderen dieselbe Gemeinschaft mit Jesus Christus. Darum möchten sie jedem so begegnen, daß sie ihm den Weg zu Jesus nicht versperren, sondern freimachen. Dazu gehört viel Weisheit, weil die Situationen so wechselnd sind und wir immer wieder anderen Menschen begegnen.

Es ist erstaunlich, daß überhaupt Menschen den Weg zu Christus gefunden haben, wo seine Leute auch nur Menschen sind und darum vielfältig verdunkeln, wer er ist. Es ist ein großer Trost, immer wieder zu beobachten, daß Menschen, die aus der Wahrheit sind, durch alle Fehler und Schwächen der Christen hindurch dennoch etwas von dem Geheimnis Jesu wahrnehmen und trotz allem zu ihm hinfinden. Wer aus der Wahrheit ist, merkt, daß er sich nicht zu den Jüngern Jesu, sondern zu Jesus selbst bekehren soll. Diese Tatsache hebt aber nicht auf, daß es uns immer schmerzlich ist, wenn wir durch unsere Art jemand den Weg zu Jesus schwer gemacht haben.

Wir wissen, daß wir nicht zu jedem Menschen und zu allen Zeiten von unserem Herrn sprechen können. Es muß die Stunde Gottes da sein. Darum darf man beten, auch still im Herzen während eines Gesprächs, ohne daß der andere es ahnt. Es ist oft überraschend, wie Jesus einem Gespräch eine Wendung gibt, daß man es mit Händen greifen kann: nun ist der rechte Augenblick zum Zeugnis von ihm da. Es ist einem immer schwer, wenn man solch eine Stunde hat vorübergehen lassen, ohne sie zu nutzen. Vielleicht waren wir gehemmt, weil wir nicht taktlos sein wollten. Es erfordert viel innere Aufmerksamkeit, den Zeitpunkt Gottes zu erkennen und ihn dann recht auszunutzen.

Wir alle möchten, daß unser Wort in solcher Stunde nicht plump und taktlos ist, sondern in einer anmutigen Weise geschieht, wie Paulus hier sagt, so daß wir den anderen nicht unnötig schockieren, sondern in einer Weise sprechen, die ihm Vertrauen abnötigt. Deshalb soll nichts von dem Salzgehalt der Botschaft unterschlagen werden. Aber wir können nie schematisch verfahren. Wir müssen auch nicht in jeder Stunde immer alles sagen. Wir bedürfen einer inneren Leitung von oben, daß wir jedem das rechte Wort sagen. Es ist eine große Freude, wenn man merken darf, daß Jesus bei solch einem Gespräch dabei war und es recht steuerte. Wir sind bei dem Einzelgespräch wie bei den öffentlichen Verkündigungen oft überrascht, an welcher Stelle wir unbewußt das lösende und helfende Wort gesprochen haben. Daran merken wir, wie Jesus selbst dabei war und über uns hinweg das richtige Wort gab. Es ist jedesmal sein Geschenk, wenn dies geschieht.

d) *Die Sorge umeinander*

Kol. 4, 7–9: „Was mich betrifft, wird euch alles Tychikus kundtun, der geliebte Bruder und treue Diener und Mitknecht im Herrn, den ich eben deshalb zu euch gesandt habe, damit ihr erfahrt, wie es um uns steht, und damit er eure Herzen tröste, zusammen mit Onesimus, dem treuen und geliebten Bruder, der aus eurer Mitte stammt. Sie werden euch alles berichten, was hier vorgeht."

Die Gemeinde Jesu ist durch die ganze Welt eine lebendige Einheit, wie eine große Familie unter dem gemeinsamen Oberhaupt Jesus Christus. Wir sind froh, in dieser Familie Heimatrecht zu haben, seit wir zu Jesus fanden. Es bewegt uns das Schicksal aller ihrer Glieder. Wenn wir nicht an allen denselben praktischen Anteil nehmen, so hängt das nur mit unseren menschlichen Begrenzungen zusammen.

Die Schlußkapitel der Briefe im Neuen Testament spiegeln den Zusammenhang der Gemeinde Jesu sehr lebendig wider. Man sorgt sich umeinander und unternimmt weite Reisen, um von den anderen Teilen der Gemeinde Jesu zu hören. Es ist merkwürdig, wenn ein Christ sehr allein lebt und nicht mit anderen Gliedern der Gemeinde Jesu in echter Gemeinschaft steht. Es ist ebenso merkwürdig, wenn Christengemeinden nur an ihr eigenes Leben denken und nicht Wert darauf legen, durch persönliche Nachrichten oder durch Sendboten mit anderen Teilen der Gemeinde ihres Herrn in lebendiger Beziehung zu stehen.

Die Gemeinde in Kolossä hatte Paulus nie persönlich gesehen. Aber er ist ihnen so nahe, als lebte er unter ihnen. Er ist ihr Bruder, und Paulus ist bekümmert, daß seine Brüder in Kolossä Sorge um ihn haben, weil er verhaftet ist. Er möchte ihnen diese Sorge leichter machen und sie trösten. Der Gefangene möchte die trösten, die in Freiheit sind. Darum sendet er Tychikus und Onesimus.

Onesimus ist der entlaufene Sklave, der durch Paulus in Rom zu Jesus fand. Nun kommt er als ein Sendbote des Paulus nach Kolossä zurück, als Glied der Familie Jesu. Das wird ihm den Heimweg erleichtert haben. Daß seine soziale Stellung die eines Sklaven ist, hebt nicht auf, daß er genauso wie Tychikus ein geliebter Bruder ist. In der Gemeinde Jesu werden die mannigfachen Unterschiede, die das Leben mit sich bringt, nicht einfach ausgelöscht, aber sie verlieren ihre trennende Kraft, weil der neue Stand als Kind Gottes und als Bruder in Christus alles andere überragt.

Tychikus wird von Paulus noch in einer besonderen Weise charakterisiert: er ist ein treuer Diener und Mitknecht in dem Herrn. Er ist nicht ein Diener und Knecht des Paulus, sondern ein Mitknecht zusammen mit Paulus in dem Dienst Jesu. Paulus ist einer der führenden Männer der Gemeinde Jesu seiner Zeit. Er ist eine wirkliche Autorität. Er hat eine besondere Aufgabe und Funktion in dem Dienst für Christus. Trotzdem wird er nie der Herr über seine Brüder, sondern steht in einer Linie mit ihnen allen vor Jesus. Das ist sein höchster Adel, ein Diener und Knecht Jesu zu sein. Das ist auch für uns der höchste Adel, den es gibt. In welchen Lebensverhältnissen wir auch stehen, unsere erste Sorge ist es, daß wir als treue Diener und Knechte Jesu erfunden werden. Das wirkt sich in unserer ganzen Haltung in allen Lebensbeziehungen aus.

e) *Treue Diener Jesu*

> Kol. 4, 10–14: „Es grüßt euch Aristarchus, mein Mitgefangener, und Markus, der Neffe des Barnabas, über den ihr schon Anweisungen erhalten habt (wenn er zu euch kommt, nehmt ihn auf), und Jesus mit dem Zunamen Justus. Sie allein aus der Beschneidung sind meine Mitarbeiter für das Reich Gottes und mir zum Trost geworden.
>
> Es grüßt euch Epaphras, der aus eurer Mitte stammt, ein Sklave des Christus Jesus, der allezeit ringt für euch im

Gebet, daß ihr dasteht als solche, die zielklar und in voller Erkenntnis über den ganzen Heilsplan Gottes sind. Denn ich gebe ihm das Zeugnis, daß er sich viel Mühe gibt um euch und um die zu Laodicea und Hierapolis.
Es grüßt euch Lukas der Arzt, der Geliebte, und Demas."

Die Fülle der Männer, die in der ersten Christenheit als Sendboten Jesu zur Verfügung stehen, ist erstaunlich. Sie sind für den Dienst Jesu in den Gemeinden da, in denen sie zu Hause sind. Sie ziehen über Land und Meer, um die Botschaft von Jesus weiterzusagen und mannigfaltige Aufgaben beim Bauen seiner Gemeinde durchzuführen. Keine Kirche, keine Missionsgesellschaft, kein Gemeinschaftsverband, keine sonstige Organisation ist vorhanden, um sie zu berufen, sie für diesen Dienst anzustellen und sie innerlich und äußerlich zu tragen. Dennoch geschieht, was geschehen muß. Eine große Schar von Freiwilligen steht Jesus zur Verfügung. Er beruft sie. Er sendet sie. Ihre Brüder und die Gemeinden bestätigen sie und stehen hinter ihnen. Es sind keine Einzelgänger. Sie wissen sich in dem einem Dienst Jesu zusammengehörig. Sie gehen miteinander ans Werk. Sie wissen um das Geheimnis des Leibes Christi, dem sie alle angehören und in dem sie verbunden sind.

Das hebt nicht auf, daß sie auch viel Not einander bereiten, weil sie alle noch Menschen sind. In keinem hat das Bild Jesu volle Gestalt gewonnen. Es gibt manchen Riß und Bruch im Dienst und in der Bruderschaft. Es ist oft ein schweres Ringen miteinander. Die Einheit unter Christus ist oft tief verletzt. Es ist für Paulus offenbar sehr schmerzlich, daß nur drei Brüder aus Israel ihm in Rom in seiner schweren Lage zur Seite stehen und trotz seiner Gefangenschaft mit ihm für die Sache Jesu Schulter an Schulter stehen.

Einer ist mit ihm im Gefängnis: Aristarchus. Er ist uns aus Apgsch. 19, 29; 20, 4 und 27, 2 bekannt.

Markus ist der, der ihn auf der ersten Missionsreise (Apgsch. 13, 13) verlassen hat. Um seinetwillen kam es zum Bruch mit Barnabas, weil Paulus den Markus zur zweiten Missionsreise nicht wieder mitnehmen wollte (Apgsch. 15, 39). Es ist eine Freude zu sehen, daß er hier in Rom wieder ganz in der vordersten Front für Jesus steht.

Der dritte Bruder hat das Vorrecht, den Namen Jesu als Eigennamen zu tragen.

Paulus ist kein so großer Mann, daß er nicht auch die Brü=

der gebraucht hätte. Sie sind ihm in seiner Gefangenschaft und bei seinem Prozeß ein richtiger Trost geworden. Wir sind nicht größer als Paulus und brauchen auch unsere Brüder und Schwestern, um durchzukommen.

Epaphras ist der Mann, durch den die Christen in Kolossä die Botschaft von Jesus bekommen haben (Kol. 1, 7). Er ist ein Mann, der die Lage einer Gemeinde beurteilen kann und einen klaren Blick für das Entscheidende im Evangelium besitzt. Er hat Paulus berichtet, wie es in Kolossä steht. Daraus ist der Kolosserbrief erwachsen.

Es liegt Epaphras am Herzen, daß die Christen in Kolossä keine verdunkelte Erkenntnis von dem Plan haben, den Gott mit Jesus verfolgt, sondern eine volle Durchschau besitzen, daß Jesus das Zentrum der Botschaft ist, an dem alles hängt. Er möchte, daß sie von da aus zielklare Leute werden, die nicht vielerlei religiöse Anliegen miteinander vermischen, sondern eindeutig weitersagen können, daß in Jesus die ganze Rettung gegeben ist. Er steht in einem schweren Ringen um die Heimatgemeinde in Kolossä und die beiden Nachbargemeinden. Paulus bittet er um eine klare Formulierung der Botschaft. Er selbst steht intensiv im Gebet für die Gemeinden.

Daß der Arzt Lukas zu den Mitkämpfern des Paulus gehört, wirft ein Schlaglicht darauf, daß die Männer, die Jesus im ersten Jahrhundert für seinen Dienst zur Verfügung stehen, den verschiedenartigsten Berufen angehören.

Von Demas wird 2. Tim. 4, 10. 11 gesagt, wie er Paulus verlassen hat, weil offenbar seine geschäftlichen Aufgaben ihn so in Anspruch nehmen und innerlich beschlagnahmen, daß er nicht mehr in der alten Weise für den Dienst Jesu frei ist. Es ist eine große Sache, wenn ein Mann in seinem Beruf etwas Ordentliches leistet und dennoch die Sache Jesu in seinem Herzen und Leben den ersten Platz behält.

f) *Querverbindungen der Gemeinde Jesu*

Kol. 4, 15–17: „Grüßt die Brüder in Laodicea und Nymphas und die Gemeinde in seinem Haus. Und wenn der Brief bei euch verlesen worden ist, so sorgt dafür, daß er auch in der Gemeinde zu Laodicea verlesen wird und daß ihr auch den aus Laodicea lest. Und sagt dem Archippus: Sieh auf den Dienst, den du im Herrn übernommen hast, daß du ihn erfüllst."

Die Gemeinde in Kolossä lebt nicht für sich allein. Sie hat lebendige Beziehungen zu den Nachbargemeinden. Die Quer=verbindungen in der Gemeinde Jesu, die uns schon in den vorigen Abschnitten aufgingen, werden hier noch einmal sichtbar.

Man kennt sich gegenseitig mit Namen. Man weiß um die Männer, die sich in besonderer Weise im Dienst Jesu einset=zen. Man weiß, in welchen Häusern die Jünger Jesu zusam=menkommen. Es gibt noch keine Kirchen und Gemeindehäu=ser. Eigentlich dürfen die Gemeinden der Christen gar nicht existieren, weil sie keine staatlich anerkannte Religionsge=sellschaft sind. Sie kommen hin und her in den Häusern zu=sammen. Aber wo eine kleine oder große Schar von Jüngern Jesu um ihren Herrn sich versammelt, ist Gemeinde. Zahl und Form spielen dabei keine Rolle. Die Gegenwart Jesu und die Zugehörigkeit zu ihm begründet allein Gemeinde im eigent=lichen und wesentlichen Sinne. Er, der in seiner Person unser Friede mit Gott und unser Leben ist, ist auch der einzige, der uns in tatsächlicher Weise als seine Gemeinde zusammen=fügen kann. Jesus Christus selbst ist die eine unaussprech=liche Gabe Gottes, in der alles für uns persönlich und für den Bau seiner Gemeinde beschlossen liegt. Das ist die Botschaft des Kolosserbriefs auch heute an uns.

Kol. 4, 18: „Der Gruß mit meiner, des Paulus, eigener Hand. Denkt an meine Fesseln. Die Gnade sei mit Euch."

Von sich selbst sagt Paulus nicht viel. Es geht ihm um die Sache seines Herrn und um das Schicksal seiner Gemeinde. Die drei kurzen, persönlichen Schlußsätze mögen die Empfän=ger tief bewegt haben, denn sie sind der persönliche Gruß eines Märtyrers aus seiner Gefangenschaft, der täglich damit rechnen muß, daß er seine Treue zu Jesus mit seinem eigenen Leben besiegeln muß.